工会工作实务操作流程丛书

厂务公开流程图示与范例

第2版

本书编写组 ◎ 编

CHANGWU GONGKAI
LIUCHENG TUSHI YU FANLI

中国工人出版社

修订说明

为适应新形势新任务对工会工作提出的新要求,我们组织力量对"工会工作实务操作流程丛书"进行了全面修订。本次修订坚持以习近平新时代中国特色社会主义思想为指导,认真贯彻习近平总书记关于工人阶级和工会工作的重要论述,按照中央党的群团工作会议精神,围绕保持和增强工会工作和工会组织的政治性、先进性、群众性要求,坚持问题导向、实践导向、需求导向。

本丛书修订的重点和焦点问题有:一是根据党的十九大精神和中国工会十七大精神调整了工会工作的一些表述;二是根据新时代工会工作的内容和工会改革的任务,增补了主要相关内容;三是依据《中国工会章程》《工会基层组织选举工作条例》《基层工会会员代表大会条例》《全国模范职工之家、全国模范职工小家、全国优秀工会工作者评选表彰管理办法》《中华全国总工会关于加强专职集体协商指导员队伍建设的意见》等最新文件精神对内容进行了相应调整。

本丛书由赵振洲、胡昌平组织实施,在丛书修订过程中得到了中华全国总工会相关部门的大力支持,在此谨致诚挚的谢意。

由于编者水平有限,本书难免存在不足和疏漏之处,敬请广大工会工作者和读者朋友们批评指正。

编 者

2021年1月

目录 CONTENTS

【第一部分】 厂务公开的概念、内容图示与范例

厂务公开工作总流程 …………………………………… 003
厂务公开工作的内容 …………………………………… 012
厂务公开工作的形式 …………………………………… 027
厂务公开工作的组织领导 ……………………………… 031

【第二部分】 厂务公开重点工作流程图示与范例

重大决策公开工作 ……………………………………… 051
重要规章制度公开工作 ………………………………… 061
选聘任用公开工作 ……………………………………… 065
工程招标公开工作 ……………………………………… 074
物资采购招标公开工作 ………………………………… 079
废旧物品拍卖和处理公开工作 ………………………… 099
职工切身利益问题公开工作 …………………………… 112
党风廉政问题公开工作 ………………………………… 116

【第三部分】
车间班组事务公开工作流程图示与范例

子公司厂务公开工作 …………………………… 121
车间事务公开工作 ……………………………… 130
班组事务公开工作 ……………………………… 137

【第四部分】
厂务公开规范化与创新工作图示与范例

厂务公开规范化工作 …………………………… 145
厂务公开创新工作 ……………………………… 162

附 录

全国厂务公开协调小组办公室关于印发《全国厂务公开
　民主管理工作先进单位评选表彰管理办法》的通知 … 178
全国厂务公开协调小组办公室关于印发《2020年全国
　企业民主管理工作要点》的通知 …………………… 187
全国厂务公开协调小组办公室关于印发《2019—2023年
　全国企业民主管理工作五年规划》的通知 ………… 194
企业民主管理规定 …………………………………… 204
中华全国总工会办公厅关于在推进事业单位改革中加强
　民主管理工作的通知 ………………………………… 217

第一部分

厂务公开的概念、内容图示与范例

厂务公开工作总流程

图示

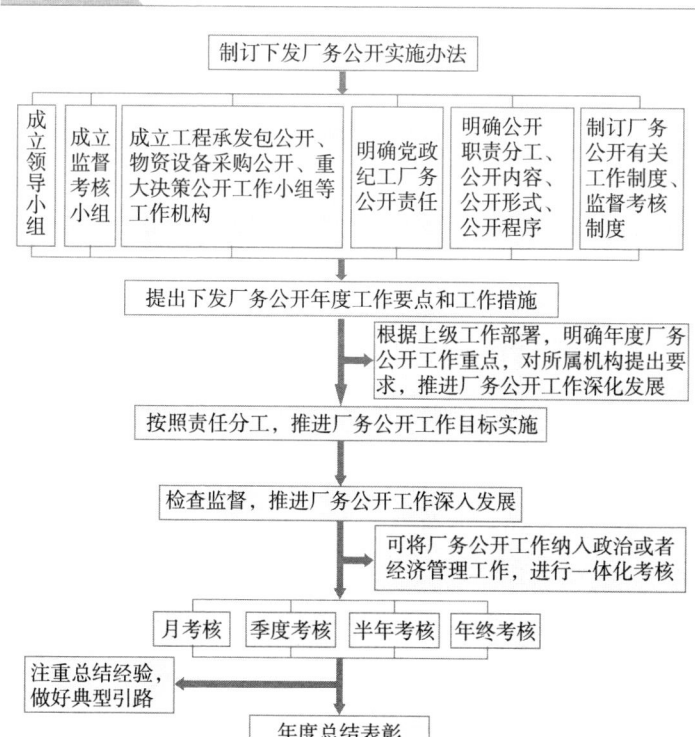

图示解说

1. 制订下发厂务公开实施办法，成立领导机构和工作机构

制订下发厂务公开实施的纲领性文件。新成立或者组建的单位，应结合单位实际，制订厂务公开基本制度和管理办法。已经开展了厂务公开工作的单位，要根据新情况，及时对现有的厂务公开制度办法进行修订完善。

企业是实行厂务公开的主体，企业的主要负责人或是其委托担负企业经营管理责任的领导，是企业实行厂务公开的责任人。同时，企业应当建立由党组织、行政和工会负责人组成的厂务公开领导机构，负责指导和推行厂务公开工作。企业还应成立由纪检、工会有关人员和职工代表组成的厂务公开监督机构。

2. 制订厂务公开年度工作计划、措施与制度

全总等部门每年都有年度的厂务公开民主管理工作意见，省（市）、地市一般也会下发厂务公开的年度工作要点。基层单位应该根据单位实际及上级要求，制订年度的厂务公开的实施办法和具体措施，建立相应的工作制度，制订厂务公开岗位责任制度、责任追究制度和检查考核办法，工作责任落实到人，并加强监督检查。

3. 厂务公开工作实施

厂务公开工作同许多工作一样，必须狠抓落实。企业

党组织负责从政治上、政策上加强对厂务公开工作的领导，做好思想政治工作，对本单位开展的厂务公开工作进行综合协调。企业经营管理方负责贯彻执行各项厂务公开制度。企业工会负责厂务公开领导机构的日常工作，同时要动员组织职工广泛参与厂务公开工作，全面了解并及时反映职工对厂务公开工作的意见、建议和要求，组织职工代表对厂务公开情况进行评议和监督。

4. 厂务公开监督检查

由纪检、工会有关人员和职工代表组成的厂务公开监督机构，负责监督检查厂务公开内容是否真实全面，公开是否及时，程序是否符合规定，并根据厂务公开岗位责任制度、责任追究制度，对违反职工代表大会决议和厂务公开有关规定的相关责任人，提出责任追究的意见和建议。

5. 厂务公开总结表彰

一是年度的总结。年末年初，要对厂务公开一年的工作进行认真的总结分析，对下一年的工作进行规划。要按照年初定的工作规划，逐项进行检查、分析和总结；要认真总结经验，对成功的做法进行总结、提炼，对感性的东西进行理性分析，才能不断升华和提高；要认真分析存在的问题，探究问题的原因，研究解决的办法；要对下一阶段的工作进行分析和思考，针对厂务公开工作的实际、职工群众的意愿和要求、单位整体工作的实际、行业和工会整体工作的情况、党和国家的大政方针和整体宏观政治经济形势，确定下一步的工作思路和方针。

二是阶段性的总结。一般是指根据上级的部署以及单位的具体情况，进行阶段性总结表彰。表彰可以每年进行一次，也可以两年或两年以上进行一次。

注意事项

1. 提高认识

厂务公开制度是指企业依照有关法律法规的规定和相关政策要求，将与本单位改革发展稳定和职工切身利益密切相关的重大问题和重大事项，通过职工代表大会和其他适当形式向广大职工公开，为组织职工参与决策、管理和监督创造前提条件的一整套办事规程或行动准则。厂务公开具体到某个企事业单位，也可以称企务公开、司务公开、局务公开、院务公开、所务公开、校务公开，等等。厂务公开与村务公开、政务公开共同成为基层民主政治建设的有机组成部分，是一项重要的民主政治制度。厂务公开的实质是尊重职工、依靠职工办企事业，有利于保障职工的知情权，是企事业单位实行民主管理的基本保障和前提条件，更是一种有效的民主监督。

2. 充分发挥党政领导的主导作用

工会组织在厂务公开工作中主要是发挥协调组织作用。要积极向党政主要领导汇报情况，争取支持，取得主动。

要加强对厂务公开工作的宣传，包括对党政领导的宣传，以提高党政领导特别是主要领导的认识。一些没有建立党组织的企业，其所在地党组织、企业代表和工会要帮助、指导和督促企业开展好厂务公开民主管理工作。

3. 公开的内容和小组的设立要结合单位实际和群众的要求

除了上级要求的必须公开的事项外，公开的内容要根据单位的实际情况和职工群众的要求确定。特别是在分厂、班组这个层面，应该公开职工每月的经济责任考核情况、奖惩和收入分配结果，还有一些大家十分关心的项目。实行厂务公开，并不是要求企业对所有的经营管理事项都百分之百地公开，而是根据不同企业的实际情况，按照法律法规和政策的要求公开，一些事项要全面彻底公开，一些事项在一定的范围内公开，而涉及企业商业秘密以及与知识产权相关的保密事项则不但不公开，而且知情的职工还应当保守秘密。

4. 关注过程的公开

在厂务公开工作中，公开内容是至关重要的，但同时也应该注重过程的公开。在人们参与意识日益强烈的情况下，人们希望看到整个公开的运作过程，如物资采购过程中，及时公开采购的数量及有关要求，参加竞标的单位的情况，竞标的情况，经办单位及人员，最后中标的单位、数量及价格等。

5. 厂务公开要及时

企业必须及时进行厂务公开，这是对公开时间的要求。厂务既要事前公开，让职工了解公开事项的背景、相关政策和实施方案，广泛征求职工意见建议，不断完善实施方案，争取职工的理解和支持；又要事中公开，让职工知道公开事项的实施进展情况，方便职工监督实施过程中的每一个环节，动员职工积极参与；还要事后公开，让职工知道实施结果，接受职工对实施结果的评议、监督。

6. 注重向与职工群众切身利益相关的生产经营管理领域延伸

职工群众比较关注自己的切身利益和党风廉政建设，这方面的公开应该加强，如工资协议的签订、修订、履行，职工保险、保护、教育投入，企业领导人员廉洁从业情况等。同时应该注重生产经营管理领域的公开。除了工程承发包、物资采购方面的公开之外，有关企业改革的方针政策、企业发展的重大决策、重要人事任免、重大项目安排和大额度资金运作情况等，都关系着职工的根本利益。这些方面公开的过程，是尊重职工群众主人翁地位、完善决策、推动企业和谐发展的过程。

范例

××企业厂务公开制度实施办法

为了贯彻落实党的全心全意依靠工人阶级的指导方针，

充分调动职工的积极性，促进企业发展，根据中央、省、市、县有关规定，特制订本实施办法。

一、公开的原则

1. 遵循全心全意依靠职工办企业的原则。
2. 根据国家法律、法规，依法办事的原则。
3. 坚持实事求是、从实际出发、注重实效的原则。
4. 坚持调动经营者和职工两个积极性，促进企业发展的原则。

二、公开的内容

1. 规章制度。
2. 企业改革、发展、重大决策及执行情况。
3. 生产经营的任务。
4. 职工辞退和处分、职工保险、劳动安全卫生保护情况、职工教育培训计划。
5. 集体劳动合同、工资协议签订、修订、履行情况。
6. 合理化建议、经济技术创新和劳动竞赛。
7. 评比表彰先进情况。
8. 法律法规和认为应当公开的内容。

三、公开形式、时间和程序

（一）公开的形式

1. 职工代表大会（职工大会）是厂务公开的基本形式。
2. 会议通报制度。在会议上进行通报，然后向广大职工公开。
3. 厂务公开栏。定期、不定期地通过书面形式公开有关内容。

4. 设立厂务公开意见箱,由监督小组指定专人定期开箱。

5. 广播、厂报、板报等告示的形式。

(二) 公开时间

常规性公开内容按年度、半年、季度、月份实行公开,属于一事一议的内容随时公开。

(三) 公开的程序

1. 每月公开一次的内容,在上月10日前报本企业工会。每季公开一次的内容,在第一个月的15日前报本企业工会。

2. 公开的重要内容报董事长(总经理)审核批准。

3. 在公开栏公开的内容,应保留5天以上。

四、组织领导

1. 建立厂务公开领导小组。厂务公开领导小组由董事长(总经理)任组长,工会主席任副组长,各有关部门为成员,负责厂务公开工作的组织领导,方案制订,重大问题的协调、指导,以及公开内容的确定。日常工作由厂工会或厂办公室负责,每半年检查一次厂务公开情况。

2. 建立厂务公开监督评议小组。主要监督厂务公开的内容是否真实,公开是否及时,程序是否合法。负责组织对厂务公开进行评议。

五、厂务公开的监督

1. 建立职工评议制度。聘任5名厂务公开监督评议成员,搞好监督和民主评议,并将情况反馈给厂务公开领导小组。

2. 设立厂务公开意见箱，由专人负责定期开启。

3. 建立厂务公开档案。每次公开的内容、时间、承办部门、人员和处理结果等由专人负责记录整理，并形成文字保存备查。

本实施办法经××××年××月××日职工代表大会（职工大会）通过后实施。

本实施办法由本企业厂务公开领导小组负责解释。

××（单位）

××××年××月××日

厂务公开工作的内容

图示

```
                    经营管理的基本情况

招用职工及签订劳动合同              集体合同文本和劳
的情况                              动规章制度的内容

奖励处罚职工、单方解除
劳动合同的情况以及裁员              劳动安全卫生标准、
的方案和结果,评选劳动   所有企业    安全事故发生情况及
模范和优秀职工的条件、   厂务公开    处理结果
名额和结果

                                    职工教育经费提取、
社会保险以及企业年金的               使用和职工培训计划
缴费情况                            及执行的情况

               劳动争议及处理结果情况

               法律法规规定的其他事项
```

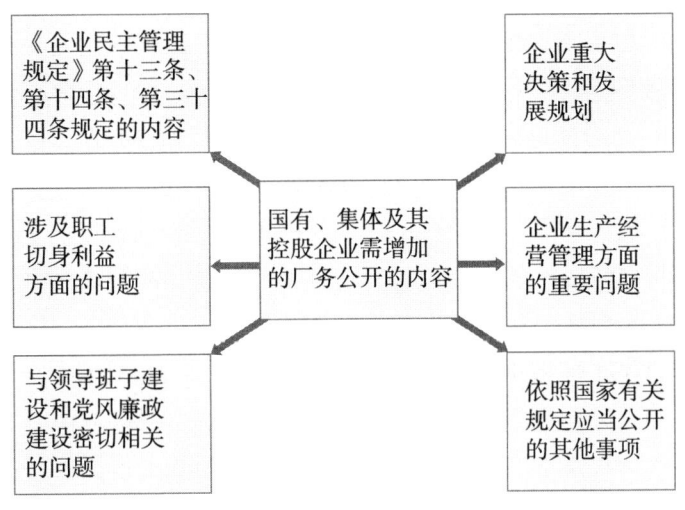

图示解说

1. 所有企业厂务公开的内容

《企业民主管理规定》第三十四条对所有的企业实行厂务公开的具体内容作了原则规定，主要包括以下方面：

（1）经营管理的基本情况。

（2）招用职工及签订劳动合同的情况。

（3）集体合同文本和劳动规章制度的内容。

（4）奖励处罚职工、单方解除劳动合同的情况以及裁员的方案和结果，评选劳动模范和优秀职工的条件、名额和结果。

（5）劳动安全卫生标准、安全事故发生情况及处理结果。

（6）社会保险以及企业年金的缴费情况。

（7）职工教育经费提取、使用和职工培训计划及执行的情况。

（8）劳动争议及处理结果情况。

（9）法律法规规定的其他事项。

概括地说，企业实行厂务公开的内容主要涉及企业经营管理的基本情况和企业劳动关系的具体情况，重点是涉及职工切身利益的劳动关系方面的情况。这些内容，在不同的法律法规中都有直接或者间接的要求，如《劳动法》规定集体合同草案必须经职工代表大会审议通过，《劳动合同法》规定企业单方解除劳动合同，除劳动者有严重过错外必须事先通知工会，等等。

2. 国有企业、集体企业及其控股企业厂务公开的内容

《企业民主管理规定》第三十五条对国有企业、集体企业及其控股企业厂务公开的内容作出了特殊规定，即国有企业、集体企业及其控股企业除公开《企业民主管理规定》第十三条、第十四条和第三十四条规定的相关事项外，还应当公开下列事项：

（1）投资和生产经营管理重大决策等重大事项，企业中长期发展规划。

（2）年度生产经营目标及完成情况，企业担保，大额资金使用、大额资产处置情况，工程建设项目的招投标，大宗物资采购供应，产品销售和盈亏情况，承包租赁合同履行情况，内部经济责任制落实情况，重要规章制度制定等重大事项。

（3）职工提薪晋级、工资奖金收入分配情况；专业技术职称的评聘情况。

（4）中层领导人员、重要岗位人员的选聘和任用情况，企业领导人员薪酬、职务消费和兼职情况，以及出国出境费用支出等廉洁自律规定执行情况，职工代表大会民主评议企业领导人员的结果。

（5）依照国家有关规定应当公开的其他事项。

3. 事业单位厂务公开的内容

关于事业单位，如学校、医院、科研院所的公开内容，大体上应该参照《关于在国有企业、集体企业及其控股企业深入实行厂务公开制度的通知》，结合本单位的职能和工作特点确定，一般包括：生产经营目标、改制改革、基建工程、对外投资、固定资产的购置、大宗物资采购、干部任免、劳动保护、奖金分配、社会保险、职工培训、住房配售、职称评定、评先选优、党员发展、车辆使用、通信设备的配备及费用、出差出国（境）的费用支出、行政收费项目的标准等。

注意事项

1. 结合实际有所侧重

厂务公开的内容应根据企事业单位的实际情况有所侧重。要密切结合企事业单位改革和发展的实际，及时引导厂务公开不断向企事业单位生产经营管理的深度和广度延伸，推动企事业单位不断健全和完善管理制度、党风廉政建设和职工民主管理制度。

2. 积极推动非公有制企业的厂务公开

在非公有制企业推行厂务公开民主管理工作,应处理好共性与差异性的关系,处理好职代会与股东代表大会的关系,处理好所有者决策权与职工参与权的关系,提高厂务公开民主管理工作的实效。要以协调劳动关系为核心,以维护职工的知情权、参与权和监督权为基本内容,以共谋企业发展、实现双赢为目标,积极探索非公有制企业厂务公开民主管理的形式。一方面积极引导有一定规模、基础较好的非公有制企业推行职代会制度,逐步提高要求;另一方面在规模小、人员少的非公有制企业中,逐步推行依托工会联合会的区域性、行业性职代会建制工作,同时要求以职代会为平台,以签订集体合同为主要内容,不断扩大非公有制企业厂务公开民主管理覆盖面,提升工作质量。

3. 积极实践,创新发展

一是各地各单位在狠抓内容公开的同时,应注重过程的公开,让职工群众全过程参与。二是注重公开形式的创新发展,在充分利用职代会这一公开的基本载体和主渠道,充分发挥公开栏简便易行作用的同时,充分利用网络的优势,通过单位、行业的网上平台等及时有效地进行公开。三是一些省级单位,积极深化发展创新,推动厂务公开的立法工作,推动出台省级厂务公开民主管理条例,以更符合当地工作实际,更好地创新发展厂务公开工作。

范例

××集团公司厂务公开民主管理示范单位考核表

单位：　　　　　　　　　　日期：　　年　　月　　日

内容	要点分解	分值	考核标准 A级	考核标准 B级	自评分	考核分
组织健全 8分	1. 党、政领导年度工作计划（报告）中对厂务公开有部署（有总结）	2	有	无		
	2. 厂务公开领导小组每年召开会议	2	召开	未召开		
	3. 每年下发厂务公开文件（意见、安排）	2	下发	未下发		
	4. 厂务公开领导小组每年对厂务公开进行检查考核	2	检查考核	未检查考核		
制度完善 14分	1. 有完善的职代会、厂务公开、集体合同和工资专项协商等工作制度，工程招投标、物资设备采购、干部选拔任用、大额资金使用公开管理办法，公司制企业职工董事、职工监事工作制度。以上制度有明确具体的规范、流程、考评办法及标准	3	有各项制度且结合实际	制度不全且是管理体制改革前的		
		2	具体，操作性强	笼统，不具体		
	2. 集团公司部门公开办法对公开内容、范围、形式、时限、程序、责任有明确规定	2	具体，操作性强	笼统，不具体		

续表

内容	要点分解	分值	考核标准 A级	考核标准 B级	自评分	考核分
制度完善 14分	3. 基层单位有完善的职代会、厂务公开、集体合同等制度,有工程招投标、物资设备采购、干部选拔任用、大额资金使用公开管理办法等。以上制度有明确具体的规范、流程、考评办法及标准	2	有各项制度且结合实际	制度不全且是管理体制改革前的		
		2	具体,操作性强	笼统,不具体		
	4. 将厂务公开民主管理纳入学习型领导班子创建、党风廉政责任制建设、"评先"选模、经营业绩考核等办法和考核中,形成长效机制	3	纳入	未纳入		
内容丰富 15分	1. 在制订、修改有关劳动报酬、工作时间、休息休假、劳动卫生安全、保险福利、劳动纪律以及劳动定额管理等重要规章制度或者重大事项时,经职代会或者全体职工讨论;职工工资调整、奖金分配方案、劳动保护措施、职工奖惩办法、保障性住房配售(出租)办法等重要规章制度经职代会审议通过;企业改制重组关闭破产方案提交职代会审议,职工安置方案提交职代会审议通过;公司制企业职工代表大会、职工董事、职工监事在源头参与公司决策过程中有效发挥作用	5	有关事项经职代会审议、通过或全体职工讨论,职工董事、职工监事在源头参与中有效发挥作用	有关事项未经职代会联席会议审议、通过,职工董事、职工监事形同虚设		

续表

内容	要点分解	分值	考核标准 A级	考核标准 B级	自评分	考核分
内容丰富 15分	2. 基层单位收入分配办法（一体化考核方案）、保障性住房配售办法、集体合同等涉及职工利益办法，经职代会审议通过	5	职代会通过	职代会联席会议通过		
	3. 坚持职代会评议领导人员，领导人员向职代会述职述廉，评议的具体结果向职代会报告并将评议结果作为任免奖惩的重要依据	5	按各项规定进行，报告评议具体结果	部分落实		
程序规范 13分	1. 坚持职代会会前预审和大会各项工作程序，坚持厂务公开和签订集体合同平等协商的各项工作程序	4	按各项工作程序进行	简化程序		
	2. 应经职代会审议、通过与决定的事项，按照规定执行。厂务公开的组织实施、监督检查、反馈结果等主要环节严格执行相关规定、公正透明	3	职代会职权落实，按规定执行	职代会职权未落实，未按有关规定执行		
	3. 职工代表大会代表中一线职工代表符合规定，主席团成员中的工人、管理和技术人员代表应超过半数。职代会选举和表决重要事项，采用无记名投票的方式进行	2	符合规定，超过半数	不符合规定，未达半数		
		2	逐项无记名投票表决	举手投票表决		

续表

内容	要点分解	分值	考核标准 A级	考核标准 B级	自评分	考核分
程序规范 13分	4. 公司制企业职工董事、监事经职代会选举产生并接受其监督，履行职责情况向职代会报告	2	报告并接受监督	未报告		
形式多样 12分	1. 有民主管理委员会、民主议事会、民主协商会、民主恳谈会以及厂务公开栏、网上平台、有线电视与报刊、意见箱、接待日、举报电话等形式	5	9种及以上	8种及以下		
	2. 坚持和完善职工代表竞选、职工代表述职制度	2	坚持并发展	未坚持		
	3. 按职工代表总数5%左右的比例选聘厂务公开民主管理监督员，每半年与对集体合同履行、安全生产的检查一起，检查厂务公开民主管理工作推进和落实情况	5	按比例选聘并开展活动	未选聘或选聘未开展活动		
运行良好 12分	1. 职代会按期换届，职代会每年至少召开一次全体会议，依法行使职权，形成的决议得到有效落实；职代会各专门委员会在每年职代会闭会期间至少开展一次活动；应公开的事项按照规定的形式真实及时公开	4	按规定落实	部分落实		

续表

内容	要点分解	分值	考核标准 A级	考核标准 B级	自评分	考核分
运行良好 12分	2. 基层单位的经济适用房配售情况、车间与班组的个人月度收入（一体化考核，含二次分配）分配结果，通过一定形式向职工公开	4	按规定落实	部分落实		
	3. 集体合同每年（或者三年，未签之年有工资协议）签订且得到有效履行	2	按规定落实	部分落实		
	4. 职工董事、职工监事向职代会负责，认真履行职责，积极开展工作	2	按规定落实	部分落实		
成效显著 12分	1. 劳动关系和谐，没有群体性越级上访事件，群众对厂务公开民主管理工作评价满意率80%以上	4	无群体性上访，满意率80%及以上	有群体性上访，满意率79%及以下		
	2. 权力运行内部监督机制、党风廉政建设得到加强，工程招投标、物资采购、干部选拔任用、大额资金使用中无违规事件，领导干部中无违法违纪案件	4	各项规定得到落实	部分落实，有违法违纪案件		
	3. 促进了安全生产，提高了经济效益	4	实现各项目标	未实现目标		

续表

内容	要点分解	分值	考核标准 A级	考核标准 B级	自评分	考核分
协调指导 6分	1. 各部门协调配合，强力推进	2	协调推进配合	没有配合协调		
	2. 对不同系统、不同类型、不同层次、不同治理结构的单位分类指导，培育和选树不同的典型	2	具体分类指导	一般指导		
	3. 及时总结示范单位经验和成功做法，发挥其引导、示范和带动作用	2	总结推广经验	无典型经验		
组织实施 8分	1. 学习提高，把开展创建活动作为厂务公开民主管理工作的载体和抓手，积极开展好活动	2	积极开展创建活动	创建活动流于形式		
	2. 对标自查，认真分析现状和不足之处，查找问题的原因和症结所在，制订切实可行的整改措施	3	找原因，促发展	满足现状，不求深入		
	3. 制订创建方案，明确推进计划，细化创建标准，规范工作程序，明确任务，精心组织实施	3	方案细、标准高、要求严	方案笼统、工作不力		

注：否决项：重大事故、责任较大事故、违法违纪重大案件。B级指标中明确未做到的为0分，B级指标中部分做到或者做得不好的一般按该项目的50%左右给分。厂务公开民主管理工作受到上级表彰，在上级会议、刊物上介绍经验的可适当加分。

××单位（企事业）厂务公开工作考核表

单位名称： 考核日期： 年 月 日

项目	内容	分值	考核方法	打分标准	扣分
组织领导有力 15分	1. 领导小组和工作机构健全，每年不少于两次定期研究、部署和总结工作，成员变动时调整及时	4	查文件资料	组织机构健全并及时调整2分，定期研究工作2分	
	2. 制订了厂务公开实施办法或管理手册，有明确的工作责任制，并能认真执行	6	查文件资料	制订办法、制订并落实责任制每项2分	
	3. 将公开工作列入企业和党委的年度工作目标并进行任务分解，列入党风廉政建设责任制和班子实绩考核	3	查资料	每项1分	
	4. 建立了厂务公开评估改进制度和责任追究制度，并认真实践	2	查资料	每项1分	
机制有效运行 25分	1. 职代会每年至少召开一次会议，到期换届，代表人数、基本程序、行使职权符合规定	10	查档案资料	每项2分	
	2. 定期开展集体协商，规范签订和认真履行集体合同	3	查资料	每项1分	

续表

项目	内容	分值	考核方法	打分标准	扣分
机制有效运行 25分	3. 具有独立法人资格的公司制单位建立职工董事、职工监事制度,保证职工董事、职工监事参加有关会议、履行职责	3	查资料,座谈了解	建立职工董事、职工监事制度2分,落实人员并正常履职的1分	
	4. 每年开展职代会民主评议干部工作,并将评议结果与对干部的奖惩、使用结合	3	查资料	评议1.5分,与奖惩、使用结合1.5分	
	5. 基层单位、车间、班组设置公开栏,定期更新内容;用网上平台等现代手段公开	4	现场检查,座谈了解	有公开栏2分,更换及时2分	
	6. 工会组织健全,较好地发挥了代表维护职工权益和民主管理组织者的职能作用	2	查资料与座谈	组织健全1分,发挥作用1分	
内容真实全面 40分	1. 规章制度公开:公司章程,有关劳动报酬、工作时间、休息休假、劳动安全卫生、保险福利、劳动纪律以及劳动定额管理等直接涉及职工切身利益的各项制度。规章制度的制订、修改经过职代会讨论,提出意见方案,与工会或者职工代表平等协商确定并向劳动者公示或告知	10	查公开台账,座谈了解	公开的制度每缺1项扣1分,履行民主程序制订制度缺一道程序扣2分	

续表

项目	内容	分值	考核方法	打分标准	扣分
内容真实全面 40分	2. 重大经营情况公开：发展规划和投资、生产、经营重大决策方案，重大技术改造，大额资金使用，工程建设项目的招投标、大宗物资采购供应、单位重大资产权属变化情况	10	查公开台账，座谈了解	公开内容每缺1项扣1分	
	3. 职工权益保障公开：单位改制、裁员方案，平等协商和签订、履行集体合同情况，签订、履行劳动合同情况，职工收入和缴纳社会保险、住房公积金、补充保险、企业年金情况，劳动安全卫生及女职工特殊保护情况，职工奖惩情况等	10	查公开台账，座谈了解	公开内容每缺1项扣1分	
	4. 廉政建设情况公开：领导层议事规则，"三重一大"操作规则，干部收入或年薪制发放，职务消费规定，管理人员选聘和任用情况，述职述廉情况，职称评定和各类评比等	10	查台账资料，座谈了解	公开内容每缺1项扣1.5分	

续表

项目	内容	分值	考核方法	打分标准	扣分
公开效果显著 20 分	1. 依法建立和协调劳动关系，依法落实职工合法权益，实现和谐健康发展	6	查台账资料	未做到全员合同扣 2 分，有劳动争议案件扣 4 分	
	2. 领导班子成员严于自律，工作实绩明显，干群关系和谐，民主评议中对领导班子的信任率较高	4	座谈了解，查资料	信任率 90% 以上（含）不扣分，每下降 5% 扣 1 分	
	3. 管理透明度高，民主测评中职工对厂务公开工作的满意度比较高	5	现场测评	满意率 90% 以上（含）不扣分，每下降 5% 扣 1 分	
	4. 依法经营管理，考核周期内未发生违法和渎职违纪事件、重大安全事故或集体劳动争议企业败诉案件	5	到相关部门了解	发生一项为不合格单位	

考核组长：　　　　考核组成员：

厂务公开工作的形式

图示

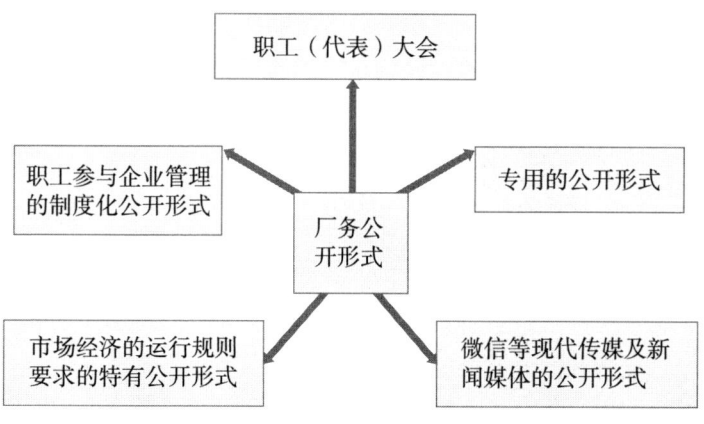

图示解说

1. 职工（代表）大会

厂务公开的主要载体是职工（代表）大会。凡是涉及职工（代表）大会职权范围内的重大问题，如企业重大决策、企业经营管理的基本情况、集体合同文本和劳动规章制度的内容、劳动安全卫生标准、社会保险及企业年金的缴费情况、职工教育经费的提取和使用情况等，都应当在职工（代表）大会上公开，向职工（代表）大会报告，并由职工（代表）大会审议、通过、决定。要按照有关规定，认真落实职工（代表）大会的各项职权。

2. 专用的公开形式

专门用于公开厂务的厂务公开栏、厂情发布会、厂务公开网络，以及为公开某些事项而召开的各种会议等，这些形式的特点是直接面向广大职工群众，及时、直观，方便职工随时了解相关情况。其缺点是单向性，本身不具备反馈机制。因此，应当注意通过意见箱，及时收集和了解职工的反映。

3. 职工参与企业管理的制度化公开形式

职工董事、职工监事参加董事会、监事会制度，工会参加党委和经理办公会制度，以及党政工联席会制度等，这些既是职工参与企业管理的重要制度，也是职工间接了解企业经营管理情况的有效渠道。这类公开形式的特点是公开的范围小，参与人数少，对公开事项可以深入讨论研究。对一些还处于酝酿阶段、需要听取各方面意见的事项，特别是在一段时间内需要保密的事项，适合采取这种形式。这种形式的缺点也在于参与人数少，因此职工董事、职工监事和工会主席在代表职工参加相关会议前，应注意广泛听取职工意见，会后要在遵守有关规定的前提下，采取适当形式向职工传达。

4. 市场经济的运行规则要求的特有公开形式

主要是指物资采购供应和基建项目的招投标，人才公开招聘、选任，上市公司依照有关规定公开披露财务报表等。这种公开形式比较规范，公开的范围广，适用于需要向社会广泛公告的事项，这也是广大职工知情的一个渠道。这种公开形式的主要缺点是滞后性。因此，采取这种形式应事先向职工公开有关的政策和制度，方便职工监督，事后要注意听取职工意见，改进工作中存在的问题。

5. 微信等现代传媒及新闻媒体的公开形式

包括企业的微信、微博、客户端、短视频及广播、电视、厂报、墙报等。经职工代表大会审议通过的，或经过其他形式公开以后需要在更大范围宣传的厂务公开事项，都可以通过媒体形式进一步公开。

在厂务公开后，应注意通过意见箱、接待日、职工座谈会、举报电话等民主形式，及时了解职工的反映，将厂务公开的监督结果也进行公开，使厂务公开贯穿于企业经营管理活动的全过程。

注意事项

1. 防止职代会的形式化、空壳化与制衡职代会联席会议

一些地方职代会的议题、审议的内容越来越多，可实质性的内容、涉及职代会核心权力的事项却越来越少。如有的单位职代会审议的文件一大摞，可涉及职工利益的、属于应由职代会审议通过的经济责任制考核办法（奖金分配办法、一体化考核办法）等，以各种理由不上职代会，或绕过职代会，在人员少且有领导参加的联席会议上审议通过。因此，应该对职代会联席会议制度进行规范，以防其越权行事。

针对这些问题，有的单位发展和创新了联席会议的组织形式，在应该参加的人员中，增加了一线职工代表；有的单位对联席会议制度进行了探索和完善，约束了联席会议的权力，规范了其工作程序，规定了涉及每位职工切身利益的事项（如经济责任考核办法等）必须上职代会而不得以联席会议取而代之，这是我们应当警惕和借鉴的。

2. 防止公开栏成摆设

公开栏简单明了、实用，在厂务公开的实践中不失为一种好形式。公开栏的关键是要真实、及时。有的单位规定了不同层级在公开栏的公开项目、公开时限，制作下发了统一的公开栏，并注意对公开实施情况的检查监督，落实得比较好。也有的单位的公开栏办得漂亮好看，可是内容不能及时更新，失去了公开的意义。

3. 充分认识和利用网上平台等现代传媒工具的作用

微信、大数据、云平台、抖音等改变着我们的工作，也改变着我们的世界。对于厂务公开民主管理来说，它们的意义与作用非同小可。要充分利用这些快捷方便的载体与手段，以新媒体来推动和促进厂务公开，强化公开的时限和速度，提高公开的效率，降低公开的成本。当然，与此同时，要加强这方面的管理，积极稳妥地进行推进，防止信息不对称，引起职工认识上的偏差。

厂务公开工作的组织领导

图示

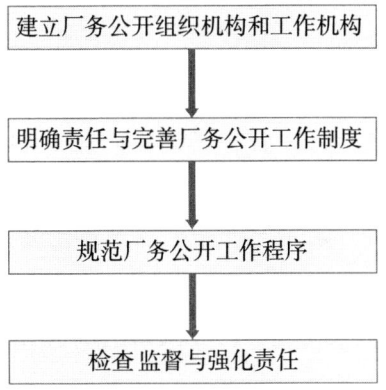

图示解说

1. 建立厂务公开组织机构和工作机构

各单位要建立厂务公开领导小组,党委书记担任组长,总经理、党委副书记、工会主席等领导班子成员担任副组长,各有关部门负责人为厂务公开领导小组成员,办公室设在工会。厂务公开领导小组负责制订厂务公开的实施意见，审定厂务公开的内容和重大事项，研究解决实施中的问题，做好督导考核工作，建立健全厂务公开的责任制和责任追究制度。各单位都要成立由纪委牵头、工会有关人员和职工代表组成的厂务公开监督检查小组，负责建立健全厂务公开的监督检查考核办法，监督检查厂务公开内容是否真实全面、公开是否及时、程序是否规范、职工的意见和建议是否得到落实，并组织职工对厂务公开工作进行监督。

2. 明确责任与完善厂务公开工作制度

要明确各级组织机构及有关部门特别是行政主管部门和纪委方面的责任，以便促进工作的落实。各级党委要在厂务公开工作中充分发挥领导作用，统一组织和协调工作。行政部门负责生产经营、改革发展以及涉及职工切身利益的重大事项的公开，有关重大决策、涉及职工切身利益的重大事项、工程承发包、物资采购、重大资金支出、干部的选拔任用等必须明确公开的责任部门、责任人、公开的时限与形式。纪委负责党风廉政建设、领导干部廉洁自律方面问题的公开以及厂务公开监督检查、考核工作。工会负责推行厂务公开制度的日常工作。

全国总工会等部门每年都会下发厂务公开工作意见，省市一般也会下发工作要点。基层单位应根据上级要求及单位实际，制订年度厂务公开民主管理工作意见、要点或措施，以指导厂务公开工作。

3. 规范厂务公开工作程序

在明确厂务公开制度的同时，从完善工作规范的角度考虑，借鉴其他单位的先进经验，对厂务公开的具体工作程序、具体内容，哪位领导负责，哪个部门什么时间以什么形式落实，哪个人具体实施，不落实如何处理制裁等，都要有具体的规定。还可以充分利用现代管理的方法与手段推进厂务公开工作程序的规范。例如，武汉江岸车辆段等单位将ISO9000质量体系运用到厂务公开民主管理中，强化机制的运行，注重工作的落实和效果，中纪委和全总曾推广它们的经验。又如，成都市总工会等单位在推动精细化管理中，在国家推动服务业标准化建设中，依据《中华人民共和国标准化法》，制订并发布了厂务公开民主管理标准体系及系列标准，有力地促进了厂务公开民主管理的规范与发展。

4. 检查监督与强化责任

在厂务公开工作中，必须保证公开的真实性，务求公开的实效性，推动厂务公开不断向经营管理的难点、职工关注的热点延伸，把是否促进企业发展和职工群众是否满意作为检验厂务公开成效的重要标准。

各单位应每半年进行一次自查和职工群众对厂务公开满意率的民主测评，并将结果向上级报告。

要将厂务公开工作作为考核各单位领导班子建设、党风廉政建设、民主管理和工会工作的一项重要内容。考核结果作为考核各级领导人员的重要依据，并与奖惩任免挂钩。

注意事项

1. 提高认识

一方面,应提高企业领导者特别是主要领导人的民主意识。通过加强厂务公开民主管理的宣传,通过在领导干部培训中增加厂务公开民主管理的内容,通过总结推广及学习借鉴兄弟单位厂务公开民主管理的经验,让企业领导认识到厂务公开民主管理是贯彻党的全心全意依靠工人阶级指导方针的必然要求,是企业发展的内在要求。

另一方面,应提高工会主席和职工群众的认识。工会是民主管理的组织者,工会主席要认识到厂务公开民主管理是工会履行基本职责、维护职工群众合法权益的利器,是强化工会地位与作用的重要手段和载体。同时,要教育职工群众克服麻痹思想和与己无关的思想,积极参与到工作中去。

2. 强化机制

在提高认识的基础上,要努力促进制度的落实、程序的规范,以促进厂务公开民主管理机制的有效运行。没有制度的落实、没有程序的规范,工作仅仅落实在文件中、落实在形式上,是没有什么意义的。要通过检查监督,通过提高领导者的认识,通过组织者卓有成效的工作,让制度有效落实,让机制运行起来,不因人的意志而变化、不因人的变动而使工作受到影响。

3. 循序渐进

基层单位的厂务公开民主管理是一个循序渐进的过程。在目前的大环境下，推进厂务公开民主管理工作，一方面要积极努力，另一方面也不要操之过急。一步步来，一点点推动。着急的论点、悲观的论点、无所作为的论点都是错误的。如果核心的问题、关键的地方暂时推不动，可先从一般的问题入手，坚持不懈、循序渐进地推进。

范例

××公司职能部门厂务公开职责分工及程序

责任部门	公开内容及事项	公开程序及形式	公开时限	责任人	监督人	主管领导
总工室	1. 企业发展目标和中长期发展计划	提交职代会（联席会议）审议通过后，下发文件并在网上平台厂务公开网页上公开	会后10日内	主任	工会副主席	主管领导
	2. 重大基建及技术改造项目	提交职代会审议后，下发文件并在网上平台厂务公开网页上公开	会后10日内			
	3. 科技发展计划及执行情况	经有关会议确定后，以文件形式公开	及时公开			
	4. 计量和产品质量检测情况	经有关会议确定后，以文件形式公开	及时公开			

续表

责任部门	公开内容及事项	公开程序及形式	公开时限	责任人	监督人	主管领导
总工室	5. 依据有关规定需要公开的其他事项	通过网上平台厂务公开网页或其他形式公开	及时公开	主任	工会副主席	主管领导
办公室	1. 领导与高管人员的住房、用车、通信工具使用情况	收集整理形成书面报告,经主管领导批准后,向职代会第一次联席会通报	会上公开	主任	纪委副书记	主管领导
办公室	2. 领导与高管人员出国出境费用支出情况	收集整理形成书面报告,经主管领导批准后,向职代会第一次联席会通报	会上公开	主任	纪委副书记	主管领导
办公室	3. 机关职工福利费使用情况	提交机关职代会审议通过后,以文件形式公开	会后10日内	主任	纪委副书记	主管领导

续表

责任部门	公开内容及事项	公开程序及形式	公开时限	责任人	监督人	主管领导
办公室	4. 依据有关规定需要公开的其他事项	通过网上平台厂务公开网页或其他形式公开	及时公开	主任	纪委副书记	主管领导
企管处	1. 生产经营重大决策方案	提交职代会审议通过后，下发文件并在网上平台厂务公开网页上公开	会后10日内	处长	工会副主席	主管领导
	2. 改革、改制方案，主辅分离、兼并等方案	提交职代会审议通过后，下发文件并在网上平台厂务公开网页上公开	会后10日内			
	3. 经营业绩考核办法及执行情况	提交职代会审议通过后，下发文件并在网上平台厂务公开网页上公开	会后10日内			
	4. 上年度集体合同履行情况	提交职代会审议通过后，下发文件并在网上平台厂务公开网页上公开	会后10日内			

续表

责任部门	公开内容及事项	公开程序及形式	公开时限	责任人	监督人	主管领导
企管处	5. 机关经济责任制考核办法及执行情况	以文件形式公开	及时公开	处长	工会副主席	主管领导
	6. 重要规章制度	提交职代会审议通过后，下发文件并在网上平台厂务公开网页上公开	会后10日内			
	7. 依据有关规定需要公开的其他事项	通过网上平台厂务公开网页或其他形式公开	及时公开			
安监室	1. 季度安全考核结果	在网上平台厂务公开网页上公开	次季度第1个月	主任	纪委副书记	主管领导
	2. 季度安全成绩（行车、人身）	在网上平台厂务公开网页上公开	次季度第1个月			

续表

责任部门	公开内容及事项	公开程序及形式	公开时限	责任人	监督人	主管领导
安监室	3. 劳动保护用品采购及执行情况	经室务会研究，主管领导批准后，以文件形式公开	1月31日前	主任	纪委副书记	主管领导
安监室	4. 依据有关规定需要公开的其他事项	通过网上平台厂务公开网页或其他形式公开	及时公开	主任	纪委副书记	主管领导
计统处	1. 企业发展目标和中长期发展计划	提交职代会审议通过后，下发文件并在网上平台厂务公开网页上公开	会后10日内	处长	工会副主席	主管领导
计统处	2. 年度生产经营目标及其上年度完成情况	提交职代会审议通过后，下发文件并在网上平台厂务公开网页上公开	会后10日内	处长	工会副主席	主管领导
计统处	3. 重点技改项目情况	经办公会或党政工联席会通过后，在网上平台厂务公开网页上公开	会后10日内	处长	工会副主席	主管领导

续表

责任部门	公开内容及事项	公开程序及形式	公开时限	责任人	监督人	主管领导
计统处	4. 环境保护目标责任考核情况	经有关会议通过后，以文件形式公开	3月31日前	处长	工会副主席	主管领导
	5. 依据有关规定需要公开的其他事项	通过网上平台厂务公开网页或其他形式公开	及时公开			
财务处	1. 财务会计报告（含业务招待费的定额、实际支出额及主要开支项目）	向职代会报告并经审议后，在网上平台厂务公开网页上公开	会后10日内	处长	工会副主席	主管领导
	2. 职工福利费使用情况及预算安排方案	向职代会报告并经审议决定后，在网上平台厂务公开网页上公开	会后10日内			

续表

责任部门	公开内容及事项	公开程序及形式	公开时限	责任人	监督人	主管领导
财务处	3. 担保、大额资金使用情况	提交职代会联席会审议通过后,以文件形式公开	会后10日内	处长	工会副主席	主管领导
	4. 年度教育经费计提及使用情况	经有关会议研究、主管领导批准后,在网上平台厂务公开网页上公开	3月31日前			
	5. 年度生产经营效益、工程建设目标及其完成情况	以文件形式公开	3月31日前			
审计处	1. 领导干部离任审计情况	通过网上平台厂务公开网页和文件形式公开	3月31日前	处长	纪委副书记	主管领导
	2. 兼并、破产企业财务审计情况	通过网上平台厂务公开网页和文件形式公开	3月31日前			

续表

责任部门	公开内容及事项	公开程序及形式	公开时限	责任人	监督人	主管领导
审计处	3. 依据有关规定需要公开的其他事项	通过网上平台厂务公开网页或其他形式公开	3月31日前	处长	纪委副书记	主管领导
劳卫处	1. 工资分配政策、职工工资调整方案	提交职代会（联席会）审议通过后，下发文件并在网上平台厂务公开网页上公开	会后10日内	处长	工会副主席	主管领导
	2. 重要改革方案、职工竞争上岗、减员分流等重大事项	提交职代会（联席会）审议通过后，下发文件并在网上平台厂务公开网页上公开	会后10日内			
	3. 劳动合同管理办法及劳动合同书条款发生重大修改、变动情况	提交职代会（联席会）审议通过后，下发文件并在网上平台厂务公开网页上公开	会后10日内			

续表

责任部门	公开内容及事项	公开程序及形式	公开时限	责任人	监督人	主管领导
劳卫处	4. 涉及职工切身利益的重要规章制度	提交职代会（联席会）审议通过后，下发文件并在网上平台厂务公开网页上公开	会后10日内	处长	工会副主席	主管领导
	5. 集体合同文本	事前充分协商，经代表预审和职代会审议通过，省人力资源和社会保障厅审核同意后，在网上平台厂务公开网页上全文公布	省人力资源和社会保障厅审核同意后10日内			
社保处	1. 职工养老、医疗、失业等社会保险基金缴纳情况，企业补充养老保险和补充医疗保险及其基金缴纳和使用情况	提交职代会审议通过后，在网上平台厂务公开网页上公开	会后10日内	处长	工会副主席	主管领导
	2. 依据有关规定需要公开的其他事项	通过网上平台厂务公开网页或其他形式公开	及时公开			

续表

责任部门	公开内容及事项	公开程序及形式	公开时限	责任人	监督人	主管领导
人事处（党委组织部）	1. 职代会民主评议领导与高管人员情况	在职代会上公布对每位领导与高管人员具体的评议情况	会中公开	处（部）长	纪委副书记、工会副主席	主管领导
	2. 领导与高管人员的工资（年薪）、奖金、补贴等情况	在职代会第一次联席会议上公开	会中公开			
	3. 公开招聘事项及任用结果	经党委常委会（局长办公会）研究通过后，在网上平台厂务公开网页上公开	及时公开			
	4. 专业技术职称评聘办法及有关情况	在网上平台厂务公开网页上公开	及时公开			
	5."创先争优"评比表彰情况	经党委研究确定、表彰后，下发文件并在网上平台厂务公开网页上公开	会后10日内			

续表

责任部门	公开内容及事项	公开程序及形式	公开时限	责任人	监督人	主管领导
人事处（党委组织部）	6.依据有关规定需要公开的其他事项	通过网上平台厂务公开网页或其他形式公开	及时公开	处(部)长	纪委副书记、工会副主席	主管领导
职教处	1.职工培训计划（含年度）及执行情况	提交职代会审议后，下发文件并在网上平台厂务公开网页上公开	会后10日内	处长	工会副主席	主管领导
职教处	2.依据有关规定需要公开的其他事项	通过网上平台厂务公开网页或其他形式公开	及时公开	处长	工会副主席	主管领导
物资处	1.物资的招标采购情况	提交职代会审议后，在网上平台厂务公开网页上公开	会后10日内	处长	纪委副书记	主管领导

续表

责任部门	公开内容及事项	公开程序及形式	公开时限	责任人	监督人	主管领导
物资处	2. 年度机动车辆配置计划及上年度执行情况	经有关会议研究，主管领导批准后，下发文件并在网上平台厂务公开网页上公开	3月31日前	处长	纪委副书记	主管领导
	3. 依据有关规定需要公开的其他事项	通过网上平台厂务公开网页或其他形式公开	及时公开			
党委宣传部	1. 宣传思想工作季度考核情况	经有关会议研究，主管领导批准后，在网上平台厂务公开网页上公开	次季度第1个月	部（处）长	纪委副书记	主管书记
	2. 依据有关规定需要公开的其他事项	通过网上平台厂务公开网页或其他形式公开	及时公开			

续表

责任部门	公开内容及事项	公开程序及形式	公开时限	责任人	监督人	主管领导
监察处	1. 廉政建设情况	在党风廉政建设会议和网上平台厂务公开网页上公开	3月31日前	处长	纪委副书记	纪委书记
	2. 依据有关规定需要公开的其他事项	通过网上平台厂务公开网页或其他形式公开	及时公开			
团委	1. 青年文明号命名情况	经团委研究确定、表彰后，下发文件并在网上平台厂务公开网页上公开	及时公开	团委书记	工会副主席	主管书记
	2. 依据有关规定需要公开的其他事项	通过网上平台厂务公开网页或其他形式公开	及时公开			

第二部分
厂务公开重点工作流程图示与范例

重大决策公开工作

图示

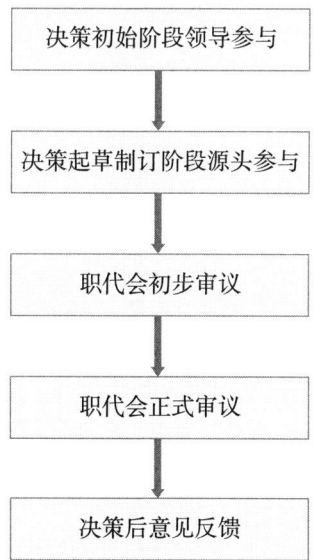

图示解说

1. 决策初始阶段领导参与

决策初始阶段的参与主要是基层工会主席通过履行职责，参与基层单位重大决策的酝酿；通过参与相关会议，参与研究基层单位的重要问题。有关改革发展或者企业的经营战略、发展思路与理念等重大决策问题，一般都会在领导层先行议论，形成大致的思路。所以工会要重视这个渠道，充分发挥和借助上层参与的作用。

2. 决策起草制订阶段源头参与

工会要发挥组织作用，参与重大决策方案的研究、起草等活动。参与这方面的工作，工会组织需要两方面的努力，一是在日常工作中，工会主动把自己的工作放在企业的大局中去衡量。因为企业和职工是利益共同体，企业的利益也是职工的利益，所以工会组织要主动思考有关企业改革发展等重大问题，了解各方面的情况和信息，知晓职工群众的意见和愿望，集中干部职工的智慧和力量，有的放矢、有针对性地提出有价值的意见和建议。二是参加有关部门组织的前期调研。只有参与进去才能有发言权。工会组织要通过参与调研等活动，在方案起草和形成的过程中将工会组织的意见、将职工群众的意见和要求反映出来。

3. 职代会初步审议

方案形成之后，一般会先行征求有关方面的意见，征求职工群众的意见。也有的在职代会前，将方案草案提前发给职工代表，请各代表团组织职工代表先行审议，通过职工代表进一步征求职工群众的意见，完善有关决策。工会组织要充分利用这个有利的机会与契机，组织职工代表反映职工的意见与要求，提出有价值的建议。要充分发挥职代会有关专门委员会（如生产经营委员会）的作用，事前进行专题的调研与审议，提出专题报告。

4. 职代会正式审议

职代会上，各代表团组织职工代表对决策方案进行正式审议。可分组讨论，汇总讨论结果，举手或投票表决。要做好职代会正式审议的组织工作。有些人抱怨职代会过于形式主义，而克服形式主义，除了行政领导对职代会的重视和尊重以外，提高职工代表审议企业重大决策的能力，多提出有价值的意见和建议也是至关重要的。

企业的重大决策事关企业的发展，事关职工群众的根本利益和长远利益，要切实加强对职工代表的培训，提高职工代表的素质，搞好对企业重大决策的审议。

5. 决策后意见反馈

重大决策形成以后很快进入实施阶段。在重大决策的实施过程中，工会组织要注重对有关情况的收集和掌握，特别是职工群众对有关职工切身利益事项的意见与建议，认真分析，及时向有关领导反映。

注意事项

1. 正确认识和把握重大决策公开

中共中央办公厅、国务院办公厅《关于进一步推进国有企业贯彻落实"三重一大"决策制度的意见》中"三重一大"指的是：重大决策、重要人事任免、重大项目安排和大额度资金运作。而其中的重大决策，主要包括企业贯彻执行党和国家的路线方针政策、法律法规和上级重要决定的重大措施，企业发展战略、破产、改制、兼并重组、资产调整、产权转让、对外投资、利益调配、机构调整等方面的重大决策，企业党的建设和安全稳定的重大决策，以及其他重大决策事项。针对贯彻落实有关"三重一大"的要求，各地、各级组织出台了一系列的办法、措施，各项工作正在向规范化发展。

企业发展关系着职工的具体利益与长远利益，企业与职工是利益共同体。工会推动厂务公开工作方面，关注重大决策的公开，关注的重点应在于企业的发展、创新、改革、转型升级等有关职工利益的重大问题方面。

2. 注重信息的掌握和前期的参与

重大决策事关重大，一般会有一个比较长的形成过程，这其中组织有足够的时间做好前期参与工作,这其中要掌握第一手资料,了解职工群众的意见和愿望、企业的生产经营情况、企业领导层的意向、行业的整体情况、国家经济运行的有关数据和资料、党和国家的有关方针政策等。在前期参与中,要注意提出意见的时机与场合,有理有利有据地反映和体现职工群众的意见。

3. 把公开的过程变成完善决策和宣传动员群众的过程

可把重大决策公开的过程、工会组织和职工群众参与的过程变成完善决策的过程和组织宣传动员群众的过程。重大决策事关重大,往往涉及企业的发展方向、企业的经营管理理念、企业经营思路的调整、企业的整体利益和职工的长远利益,有的甚至是利益格局的调整,对此要高度重视。工会要在决策公开和征求职工群众意见的同时,加强宣传和解释工作,把集中群众智慧的过程变成宣传发动的过程。在决策的实施过程中,可通过组织开展合理化建议活动、技术创新和技术改造活动,组织职工为重大决策的实施贡献力量;可组织职工代表开展形式多样的民主管理活动、职工代表视察和检查监督活动,以促进决策的实施及决策目标的实现。

4. 以卓有成效的参与取得信任

在重大决策公开的过程中,行政领导对职工代表、职工群众应该给予应有的尊重和足够的信任,要相信职工群众的觉悟,相信职工代表的水平。职工群众、职工代表和工会组织也要以实际行动证明自己是值得信任和尊重的。职工群众、职工代表和工会组织要不断提高自身素质，加强培训，提高参与管理的能力与水平；通过事先广泛的调研，实事求是的数据，有理有利有据的分析，提出有价值的意见和建议，反映职工群众的意见和要求，促进决策的完善。

范例

"三重一大"决策制度推动厂务公开向纵深发展

中共中央办公厅、国务院办公厅印发的《关于进一步推进国有企业贯彻落实"三重一大"决策制度的意见》（以下简称《意见》）明确要求，凡属重大决策、重要人事任免、重大项目安排和大额度资金运作事宜，都必须经过企业领导班子集体作出决定。这为深入推进基层民主政治建设和职工民主管理工作，充分保障职工群众当家做主的民主权利和主人翁地位提供了重要的政策保障。

因此，抓住贯彻落实国有企业"三重一大"决策制度的重大机遇，努力推进厂务公开民主管理工作向纵深发展，是当前和今后一个时期各级工会组织面临的一项重要任务。

1. 准确把握贯彻"三重一大"决策制度对于推动厂务公开民主管理向纵深发展提出的新要求

（1）贯彻"三重一大"决策制度，对扩大职工民主参与提出了新的要求。《意见》要求贯彻落实党的群众路线，倡导集体决策、民主决策、科学决策；要求企业建立完善群众参与、专家咨询和集体决策相结合的决策机制，充分发扬民主,广泛听取意见,保证决策的民主性;要求把群众参与纳入企业"三重一大"决策制度并摆在重要位置,等等。要通过贯彻落实《意见》的规定,进一步建立完善职工群众参与"三重一大"决策的相关配套制度,切实把职工群众的参与权落到实处,努力促进企业民主决策、科学决策。

(2)贯彻"三重一大"决策制度,对落实职工代表大会基本职权提出了新的要求。其中,主要涉及职代会的两项基本职权:一是对于企业经营重大决策进行审计的审议建议权。二是对于涉及职工切身利益的重大事项表示认同或否认的审查同意或否决权,如企业发展战略、破产、改制、兼并重组、资产调整、产权转让、对外投资、利益调配、机构调整等方面的重大决策等。《意见》的这些规定,不仅是对职工代表大会基本职权的强化,而且对于职工代表大会充分发挥其作为职工群众行使民主管理权力机构的重要作用,更好地落实广大职工的知情权、参与权、表达权、决定权,都提出了新的更高的要求。

(3)贯彻"三重一大"决策制度,对发挥工会和职代会的作用提出了新的要求。《意见》要求国有企业在"三重一大"事项决策过程中,要严格程序、规范操作,充分征求并且听取工会组织和职工代表大会的意见和建议,从而保证形成的决策能够反映职工群众的意愿,得到职工群众的拥护。这不仅是把以人为本贯彻落实到企业决策领域的具体体现,而且充分表明了党和政府对于职工作为企业主体地位的尊重。因此,贯彻落实"三重一大"决策制度,对于工会组织和职代会更好地肩负起倾听职工呼声、表达职工意愿、代表职工参与企业管理的重要职责,提出了新的更高的要求。

(4)贯彻"三重一大"决策制度,对深入推进厂务公开提出了新的要求。《意见》的新规定,不仅进一步拓展了厂务公开的深度和广度,使厂务公开的内容更加丰富、更加具体、更具有操作性,而且对于进一步推进厂务公开工作的制度化、规范化和经常化,更好地满足职工群众的意愿,更好地保障职工群众的监督权,都提出了新的更高的要求。

2. 充分发挥工会组织在贯彻"三重一大"决策制度、推动厂务公开民主管理向纵深发展中的重要作用

(1)要切实增强贯彻"三重一大"决策制度、推进厂务公开民主管理向纵深发展的责任感和使命感。

(2)要积极争取党委、政府和企业行政对推进厂务公开民主管理向纵深发展的重视支持。各级工会组织要在积极配合党委、政府和企业行政贯彻"三重一大"决策制度的同时,主动争取党委、政府的重视和企业行政的支持,创造有利于推行厂务公开民主管理工作的环境和条件,更好地发挥厂务公开民主管理在贯彻"三重一大"决策制度中的重要作用,努力为推动厂务公开民主管理向纵深发展创造良好的环境,尽快形成贯彻"三重一大"决策制度,合力推进厂务公开民主管理向纵深发展的工作局面。

(3)要进一步推动厂务公开工作实现全覆盖。要按照

中央关于国有企业、集体企业及其控股企业都要实行厂务公开的要求,在认真总结国有企业、集体企业及其控股企业实行厂务公开所取得的重要成果和新鲜经验的同时,坚持以非公有制企业为重点,积极推动厂务公开向非公有制企业延伸,努力实现厂务公开工作的全覆盖。要针对私营企业、合资企业、独资企业的不同特点和实际,以提高推行厂务公开工作的实际效果为目标,搞好分类指导,强化工作措施,努力实现非公有制企业厂务公开民主管理工作的新突破和新发展。

(4) 要进一步落实职工代表大会的民主监督权。要按照《意见》要求,在贯彻"三重一大"决策制度,推进厂务公开向纵深发展的过程中,高度重视发挥职代会的监督作用,进一步加大民主监督的力度,落实好职代会的评议监督权。

(5) 要在确保厂务公开民主管理工作取得实效上狠下功夫。要抓住贯彻"三重一大"决策制度的机遇,着眼于真公开、真监督、真落实,严格程序、规范运作,着力推进厂务公开民主管理工作取得实效。

(6) 要加强对企业贯彻"三重一大"决策制度、推行厂务公开的指导服务。各级工会组织要根据国有企业、集体企业及其控股企业的特点和实际,做好贯彻"三重一大"决策制度,推动厂务公开民主管理向纵深发展的分类指导工作。要主动配合纪检监察、国资等部门,深入不同类型企业,认真调研、培养典型,总结经验、大力宣传,点面结合、整体推进,不断提高实施"三重一大"决策制度和推行厂务公开民主管理工作的质量。

（7）要建立健全厂务公开民主管理的工作奖励和责任追究制度。要加强与有关部门的协调配合，把贯彻"三重一大"决策制度、深化厂务公开民主管理工作纳入企业发展战略，纳入企业领导班子建设的重要内容，作为年度工作业绩考核的重要依据，作为衡量企业领导班子深入学习贯彻习近平新时代中国特色社会主义思想，促进企业又好又快发展的重要标准。要建立完善厂务公开民主管理的工作奖励和责任追究制度，把是否推行厂务公开民主管理、职工合法权益是否落实作为企业评选推荐劳动模范和五一劳动奖状、奖章的必备条件，充分调动企业推行厂务公开民主管理工作的积极性和主动性，对于那些因未实行厂务公开影响企业发展、导致职工权益严重受损或者引发群体性事件的，在评先表模时实行"一票否决制"，并视情节轻重，提请有关方面依法依规追究企业主要领导人及相关负责人的责任。

重要规章制度公开工作

图示

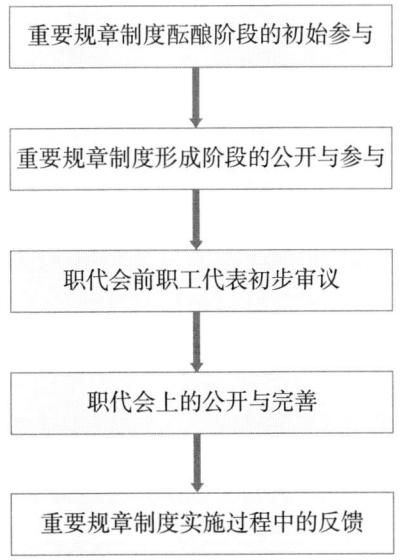

图示解说

1. 重要规章制度酝酿阶段的初始参与

《企业民主管理规定》第二章第十三条规定：审议企业制定、修改或者决定的有关劳动报酬、工作时间、休息休假、劳动安全卫生、保险福利、职工培训、劳动纪律以及劳动定额管理等直接涉及劳动者切身利益的规章制度或者重大事项方案，提出意见和建议。重要规章制度涉及职工的切身利益，工会要通过工会主席参与企业党政联席会议、党委会议等渠道，做好初始阶段的源头参与工作。

2. 重要规章制度形成阶段的公开与参与

企业的经济责任制方案、工资调整方案、奖金分配方案等涉及职工切身利益的重要规章制度，职工群众都是十分关心的。在这些方案的初步起草过程中，行政领导应该充分尊重职工群众的意愿，将方案草案及时公开，保证职工群众的知情权，主动听取职工群众的意见与建议。工会组织要认真收集和反映职工群众的意见，收集和了解有关的数据和资料，准确掌握国家的有关法律、政策规定以及上级的有关文件精神。一般情况下，行政有关部门在起草重要规章制度的过程中，会征求工会组织的意见，也会共同开展调研活动，共同组织起草小组，协商文件核心条款。工会组织要充分利用有利契机，积极主动地做好参与工作。

3. 职代会前职工代表初步审议

涉及职工切身利益的重要规章制度初步形成以后，一般都会公开征求意见。工会主席要利用参与基层单位领导班子会议、党政联席会议、党委会等渠道和手段，反映职工群众的意见，提出工会组织综合各方面情况的意见。若行政将方案提交职工代表团长、专委会主任联席会议审议，则各代表团和专委会在会前应该做好功课，各自先行组织好代表团和委员会进行审议，广泛征求职工群众的意见，在会上提出修改、完善方案的意见。若职代会前将方案交由各代表团组织职工代表进行预审，则工会要组织职工代表认真研究文件，将职工群众的意见与建议反映在修改文件的意见中。

4. 职代会上的公开与完善

涉及职工切身利益的重要规章制度和改革方案在职代会上公开，提交职工代表大会审议，是必须经过的重要环节和程序，也是职工代表行使权利的重要途径。代表团要切实组织好对重要规章制度、改革方案的审议。若有可能，可以借鉴一些地方组织职工代表质询活动的方式方法，组织职工代表就重要规章制度的出台，进行一些质询活动，以解除职工群众的疑问。

5. 重要规章制度实施过程中的反馈

规章制度在实施过程中会不断地有新情况出现。工会作为职工群众利益的代表者和民主管理的组织者,在重大决策和有关方案的实施过程中,要及时了解和掌握有关情况和问题,掌握并及时向规章制订部门反映职工的意见与建议,以利于规章制度的不断完善。

注意事项

1. 重要规章制度酝酿阶段的上层参与

有关企业发展方向的重大改革方案、涉及职工切身利益的重要规章制度,在提出意向或者大致思路的初始阶段,一般都会在领导层先行议论,研究基本思路和大致内容。工会组织在这个阶段,要认真做好相应的工作,了解职工群众的意见,掌握相关的情况、数据和资料,做好源头参与工作。特别是工会的主要领导人,应通过参与领导层的各种会议和活动,把工会组织和职工群众的意见及时准确地表达与反映出来。

2. 利用微信等网上平台的形式公开广泛征求意见

重要的规章制度事关重大,特别是涉及职工切身利益的事项,稍有不慎就有可能引发异议和争端。为了进一步广泛征求职工群众的意见和建议,若有可能,工会可以积极建议,争取取得行政领导的同意,将方案通过微信等网上平台的形式公开,以便更好地让大家参与进来,充分发表意见。

选聘任用公开工作

图示

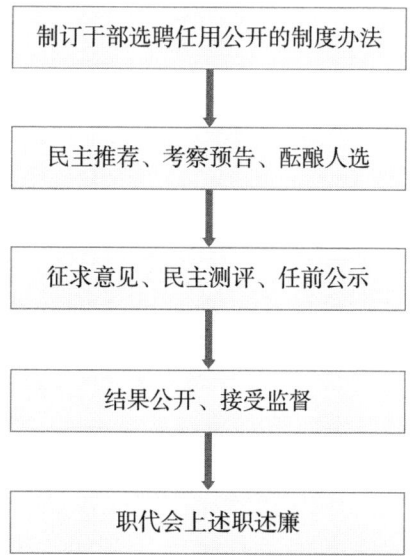

图示解说

1. 制订干部选聘任用公开的制度办法

《企业民主管理规定》第三章第三十五条规定：国有企业、集体企业及其控股企业除公开第十三条、第十四条和第三十四条规定的相关事项外，还应当公开下列事项……中层领导人员、重要岗位人员的选聘和任用情况，企业领导人员薪酬、职务消费和兼职情况，以及出国出境费用支出等廉洁自律规定执行情况，职工代表大会民主评议企业领导人员的结果……

要根据中央和上级部门关于干部选聘任用公开的若干规定，结合本单位的实际，制订出干部选聘任用公开的若干具体制度办法，如干部晋级管理办法、考核推荐管理办法、考察预告和任前公示办法、党委会票决办法等。要规范干部选聘任用方面的工作，杜绝出现不规范的现象，必须首先从制度上、源头上进行治理，加强法治建设，防止人治。

2. 民主推荐、考察预告、酝酿人选

干部选聘任用必须坚持公开、平等、竞争、择优的原则，经过民主推荐提出考察对象。民主推荐包括会议投票推荐和个别谈话推荐。确定考察对象时，应当把民主推荐的结果作为重要依据之一，同时防止简单地以票取人。对确定的考察对象，由组织（人事）部门按照干部管理权限进行严格考察。根据干部选拔任用条件和不同领导职务的

职责要求，全面考察其德、能、勤、绩、廉，注重考察工作实绩。应听取考察对象的上级、同级、下级的意见，尽可能广泛、深入、细致。在拟任人选决定前，应在领导班子中进行充分酝酿，必要时征求上级部门的意见。

3. 征求意见、民主测评、任前公示

在确定拟考察对象的基础上，发放征求意见、民主测评表，对考察对象进行意见征求和民主测评。对决定任用的干部，由经营管理委员会指定专人同本人谈话。在下发任职通知前，应当在一定范围内进行公示。公示期一般为七至十五天，公示结果不影响任职的，办理任职手续。

4. 结果公开、接受监督

干部选聘任用的结果要及时通过公示栏、微信等网上平台的形式向全体职工公开，接受职工群众的监督。是否公示关系着对职工群众民主权利的尊重。

5. 职代会上述职述廉

要依据有关规定和上级的要求，强化职代会对企业领导人员的评议监督，领导人员在职代会上要述职述廉。在述职述廉时，应重点做好以下几个方面工作：一是职代会召开前，职代会评议监督企业领导人员委员会要制订评议方案，发出评议领导干部的通知。二是被评议领导人员要认真总结自己的工作，实事求是地写好述职报告。三是在职代会上述职，最好是口头述职。四是按照上级的要求，从"德、能、勤、绩、

廉"五个方面，按"优秀、称职、基本称职、不称职"四个档次对领导人员进行测评，作出评价。五是评议监督企业领导人员委员会对评议的情况进行汇总，形成书面报告，先向职代会主席团报告，再向全体职工代表报告。六是主管部门和工会分别向上级报告评议结果。七是企业领导人员根据大家评议的情况进行整改，整改的结果向下一次职代会报告。

注意事项

1. 充分认识干部选聘任用公开的重要性

在厂务公开的各项工作中，在基层民主政治建设和反腐倡廉工作中，进而扩展到整个企业的改革发展和整个国家的经济建设中，人的因素都是第一位的，特别是领导者的作用都是至关重要的。由此我们进一步看到，党和国家为什么高度重视用人问题，强调干部队伍建设，反对用人问题上的不正之风。所以在厂务公开工作中，我们要对此给予充分认识。工会组织作为厂务公开的组织者，要充分认识此项工作的重要性，致力于此项工作的发展。因为这对企业的发展，对职工的切身利益有着重要的影响。

2. 强化群众的评议与监督

群众的眼睛是雪亮的。在加强干部选聘任用公开制度建设并认真落实的同时，不仅要坚持职代会对干部的评议监督，还要充分发挥职工群众对干部的选聘任用、对企业领导人员的日常监督作用，更要积极促进监督结果的反馈，推动干部选聘任用公开工作的发展完善。同时要注意,对企业领导人员的评议与监督,对干部选聘任用工作的监督,应该是客观公正的。

范例

××公司第×届职工代表大会民主评议领导班子及成员办法(草案)

第一条 根据《××公司职工代表大会民主评议领导人员暂行办法》《关于进一步做好职工代表大会民主评议领导班子及成员工作的意见》和《××公司民主管理实施细则》,制订本办法。

第二条 ××公司职工代表大会民主评议领导班子及成员工作每年进行一次,在党委领导下,由职工代表大会主席团主持进行,评议监督领导人员委员会负责组织实施。

第三条 民主评议对象为领导班子及成员(含助理)。任职不满3个月的,只进行述职述廉,可不参加民主测评。

第四条 民主评议领导班子及成员,要从关心、爱护、帮助干部出发,正确行使民主权利,坚持一分为二、实事求是、出以公心,全面、客观、公正地评价干部,保障被评议人的民主权利和正当权益。

第五条 民主评议领导班子及成员,应根据其承担的工作职责和目标任务进行,从德、能、勤、绩、廉等方面全面评价:

1. 是否具有政治意识、责任意识、大局意识和正确的世界观、权力观、事业观、政绩观，能否自觉深入学习贯彻习近平新时代中国特色社会主义思想，忠诚现代化事业。

2. 是否具有较强的执行能力、创造能力和驾驭能力，能否正确运用科学理论和方法分析解决实际问题，驾驭复杂局面，解决好改革发展中的重大问题。

3. 是否勤奋敬业，求真务实，始终保持干事创业激情，尽职尽责维护国家和企业利益。

4. 是否思路清晰、目标明确、措施有效、落实有力，有效推进了科学发展，在现代化建设中作出了突出成绩。

5. 是否心系职工，关注民生，依靠职工办企业，维护职工合法权益。

6. 是否率先垂范，严于律己，自觉贯彻执行民主集中制，带头落实党风廉政建设责任制，做到廉洁勤政、情趣健康、形象良好。

第六条 民主评议领导班子及成员按以下程序进行：

1. 党委书记或行政正职代表领导班子述职述廉。

2. 领导班子成员向职工代表大会作述职述廉报告。领导班子成员因故不能参加述职的，经党政正职同意后，委托他人代为宣读述职述廉报告。

3. 各代表团以小组为单位，由小组长组织本组代表以无记名方式，对领导班子及成员填表评议、测评，装袋密封后报代表团，由代表团指定专人送交评议监督领导人员委员会。

4. 评议监督领导人员委员会归纳汇总职工代表的评价意见，统计民主测评结果，形成书面材料报职工代表大会主席团，经主席团通过后向大会报告。

5. 职工代表认为需要个别反映情况时，可以向评议监督领导人员委员会作口头或书面反映。

第七条 大会闭幕后，评议监督领导人员委员会负责将评议结果以书面形式反馈给被评议的领导班子成员，被评议领导班子成员制订整改措施，整改情况在下次职工代表大会述职述廉时作出报告。

第八条 评议监督领导人员委员会向上一级组织人事主管部门报告民主评议情况和结果。

第九条 民主评议领导班子及成员材料由组织（人事）部门妥善保存。

××企业职工代表大会民主评议测评表

单位：　　　　　被测评人：　　　　　日期：

方面	测评内容	测评等级			
		优秀	称职	基本称职	不称职
德	学习贯彻执行党和国家方针政策，坚持正确的办企方向				
	严格遵守党纪国法，廉洁自律，不谋私利				
	团结协作，全身心谋划和实施企业建设与发展				
能	尊重和落实职工代表大会决议，实行厂务公开				
	具有岗位职责所必需的相关知识，管理规范，谋事科学				
	作风民主，处事公道，协调各方，完成任务				

续表

方面	测评内容	测评等级			
		优秀	称职	基本称职	不称职
勤	深入基层,联系群众,倾听职工意见,关心职工生活,及时解决问题				
	工作勤奋,办事果断,注重效率,讲究实效				
	履行岗位职责,对主管工作具有前瞻性思考和研究				
绩	开拓创新,主管工作比上年有进步				
	分管部门工作对提高社会效益和经济有促进				
	职工的工作环境有改善,凝聚力有提高				
廉	自觉遵守各项规章制度,勤政廉洁				
	服从组织需要,不计个人名利				
	严守准则,执行准则				
综合评价	满意	较满意	一般		不满意

工程招标公开工作

图示

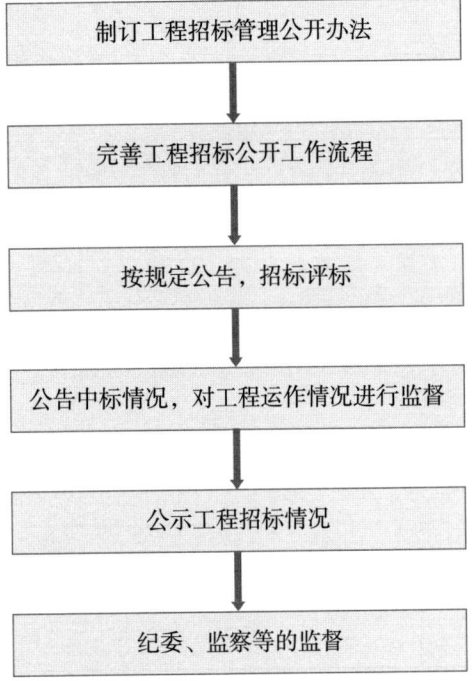

图示解说

1. 制订工程招标管理公开办法

制订和完善工程招标管理办法，主要是依据国家、中央和上级有关工程招投标方面的法律法规和方针政策，结合单位的实际，制订具体的管理办法、工作制度和操作流程。

在制订这些制度或者办法时，要遵循国家的法律法规和党的有关政策规定，坚持公开公平公正的原则；要把"三重一大"有关要求落实到工程招标的各个环节，及时发布招投标信息和结果，拓宽公众参与渠道，保证工作透明公开；应按上级的有关要求进行，在规定的平台上发布公告。应明确建立数据库，采取随机抽取的方式确定每次的参与人员等。

在制订制度或办法时，应尽可能地细化，结合本单位的实际，制订有操作性的措施。应考虑防止规避招标、串标、陪标的虚假招标行为，防止招标后的转包、分包行为，防止行贿、受贿行为，从源头上防止各类问题的发生。

实际工作中，可能会有些额度很小的一般性改造项目，若再进行招标，成本较高。对此，单位在制订工程招标管理办法时，可以就工程量的额度或者招标的方式作出规定，必要时可以授予分厂、车间一定的权力，并在实施中加以监督。

2. 完善工程招标公开工作流程

工程招标需要面向社会公开，工程招标管理公开办法主要是针对招标行为本身的。与此同时,工程招标还应该按照企业内部厂务公开的规定,通过一定的形式,向职工或者在有关范围内公开。企业内部工程招标公开工作的一般流程为:承办部门将公开材料报主管领导审批;主管领导审批后的公开材料在厂务公开办公室登记;承办部门按规定方式公开;收集反馈意见;制订整改措施进行整改。单位内部的公开与面向社会的公开有些重叠的地方,应该按要求规范进行。

3. 按规定公告,招标评标

基层单位一般不会有很大的工程和技术改造、更新改造项目。但即使额度不大的项目,只要符合招标管理办法规定的额度的,也要按规定发布招标公告,发标书,按照规定的程序进行招标。投标结束后,要按照国家和上级关于招标评标的规定,从专家库中抽取评标人员,严肃认真地进行评标。评标,是工程招标中的至关重要的环节,它有关党风廉政建设,甚至人命关天。若由此造成"豆腐渣"工程,则罪莫大矣。因此,要客观、公正、严肃、认真地进行评标,确定中标人。出于降低成本的考虑,人们一般会选择报价低的单位,但也要综合衡量。脱离实际的过低的报价难免会降低工程质量,也许会有偷工减料的情况发生。

4. 公告中标情况,对工程运作情况进行监督

确定了中标人,完成招标后,要按照规定向社会、向

招标人进行公告，接受监督。与此同时，应该向投标人公布监督电话，便于招标者进行举报。

5. 公示工程招标情况

公示工程招标情况，主要是指按照厂务公开的规定，向全体职工或者在一定范围内，公示单位某次及年度工程招标的情况。公示的情况应该包括：工程名称、工程总价、投标单位数、中标单位、中标价、本单位主管领导、经办部门与经办人等，接受职工群众的监督。

6. 纪委、监察等的监督

纪检、监察部门应该参与相关的监督工作，促进工作的规范化运行。

注意事项

1. 高度重视工程领域的问题

工程建筑领域一些人"前腐后继"的事例、个别"豆腐渣"工程的出现、某些行业潜规则的存在，清楚地告诉我们，工程领域是腐败现象的多发地，是反腐倡廉和厂务公开工作的重点。这些问题的出现，不仅破坏了规章制度，败坏了社会风气，有损于执政党的形象，而且危害了人民的生命财产。因此，必须高度重视工程招标公开工作，坚决遏制工程腐败问题的发生，切实维护职工及人民群众的利益。

2. 防止工程招标内定情况的发生

基层单位一般每年都会有若干小的工程、基建任务或者技术改造任务，包括厂房的维修、道路的改造与维修等。基层单位一般会有常年的合作伙伴，如有的施工队经常承揽单位的一些小工程。因此，在实际工作和生活中，由于种种原因，很容易发生内定的情况，或者美其名曰"议标"的情况。工会、职工要通过积极的努力，促进有关方面严格按规定的程序进行招标，公开、公正、公平地进行，防止违规情况的发生。

3. 促进有关人员岗位互换和反腐倡廉教育

党和国家为规范工程招标工作，提倡反腐倡廉，制订了一系列的办法和措施。如请相关方面的专业人员观看反腐败展览教育，对其中的岗位定期轮换，等等。工会组织可以积极建议，从厂务公开的角度、从规范发展的角度，提请有关方面强化此方面的工作。

物资采购招标公开工作

图示

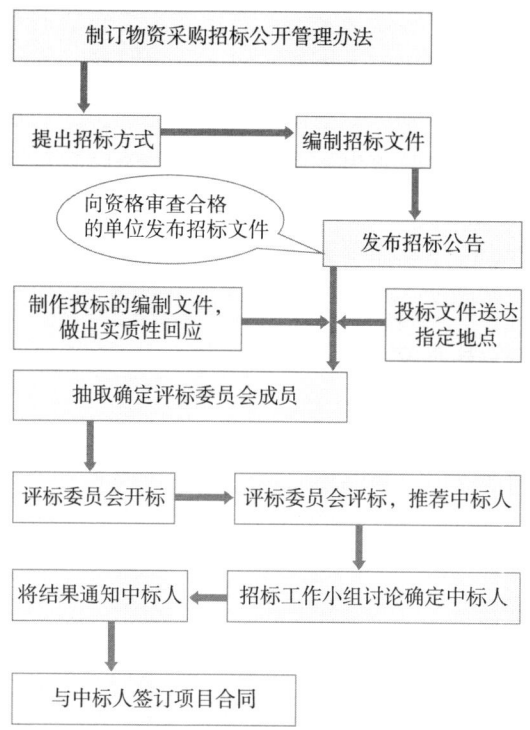

图示解说

1. 制订物资采购招标公开管理办法

依据《中华人民共和国招标投标法》、上级有关物资招投标方面的规定以及党和国家有关物资设备领域反腐倡廉的要求，结合单位的实际情况，制订具体的物资采购招标公开管理办法、工作制度和操作流程。这些制度和办法，除了具体规定的内容外，应该坚持公开公正公平的原则，写明有纪检、监察及相关部门的监督，强调有关领导回避制度，建立评委（专家）数据库和评标委员会。防止规避招标、虚假招标、围标串标等行为，防止行贿受贿前移的行为，强调物资设备采购规范发展。

针对实际工作中存在的有时急需的、额度很小的物资设备的采购供应问题，基层单位应当在采购招标及公开办法中作出具体规定，确定小额度的、急需的物资采购简化性办法，明确有什么人参加，经办人、验收人、批准人名单，注意控制的环节等。

2. 明确物资采购招标工作流程

物资采购招标应该按照企业内部厂务公开的规定，向全体职工公开或者在有关范围内公开。其一般流程为：承办部门将公开材料报主管领导审批；主管领导审批后的公开材料在厂务公开办公室登记；承办部门按规定方式公开；收集反馈意见；制订整改措施进行整改。

3. 按规定发布招标公告，招标评标

物资采购要按规定的程序提出招标方式，编制招标文件，发布招标公告。投标结束后，要按照国家和上级单位关于招标评标的规定，从评委数据库中抽取确定评标委员会成员。评标委员会开标，要严肃认真地进行评标，推荐中标人。招标工作小组讨论确定中标人。在物资采购的过程中，要坚决反对职务侵占，严禁领导干部利用手中的权力插手招投标活动，谋取私利，这是经济上反腐败的一项重要任务。

4. 公告中标情况，进行监督

物资采购经过规定的程序，确定了中标人，与中标人签订项目合同。完成招标后，要按照规定向社会、向投标者公告，接受监督。与此同时，应该向投标者公布单位纪委的电话，便于招标者和群众举报。

5. 公示物资采购招标情况

公示物资采购招标情况，主要是指按照厂务公开的规定，在文件规定的时限与范围内，公示本单位某次（月度、年度）的物资采购招标情况。公示的情况应该包括物资设备的名称、价格、投标单位数、中标单位、中标价，本单位主管领导、经办部门与经办人等，接受职工群众的监督。

注意事项

1. 思想重视

物资设备采购领域是腐败的多发地，是容易出问题的地方，也是厂务公开民主管理要关注的重点之一。要从落实法律规定、上级方针政策，加强群众监督的角度来认识厂务公开民主管理的重要性，思想上高度重视，行动上积极主动。基层单位贯彻国家的有关法律法规、党和国家有关反腐倡廉的规定，结合单位实际，制订了不少关于物资采购公开的办法和措施，要在实践中认真执行。

2. 科学规范，阳光采购

通过制订和规范管理办法，推动阳光采购，将问题消灭在萌芽状态，努力做到以下几个方面：一是公开透明性，计划公开、流程公开、结果公开、过程公开、实施透明；二是科学规范性，制度要科学，机制要长效，执行要严谨；三是集体议定性，集体研究、集体参与、集体决定；四是监督保证性，对物资采购的全过程必须实施全方位、有效、有力、有为的监督、制约和保证；五是快速高效性，以做到快响应、快满足、优服务、高质效地满足生产经营和资源运作的需要。

3. 群众监督

招标评标是一门学问。有的单位规定了职工代表参加物资采购招投标公开小组,以强化群众的参与监督。这是一个很好的渠道和手段。工会组织应加强对职工代表的培训,帮助职工代表获取这方面的知识,提高职工代表的素质水平,提高职工代表参与管理的能力。

4. 注重公开的真实性和过程的公开

对物资采购的公开,广大职工不仅关心结果的公开,也关心过程的公开。从某种意义上讲,在公开时应特别注重公开的真实性,不仅将办法公布于众,而且将每次包括项目、价格、责任人等结果公布于众,防止问题的发生。

范例

××公司物资设备招标采购管理实施细则

第一章 总 则

第一条 为加强××××物资设备(以下简称物资)招标采购管理工作,规范招标投标行为,维护招标投标当事人的合法权益,保证招标投标活动的有序进行,根据《中华人民共和国招标投标法》《中华人民共和国政府采购法》《中华人民共和国合同法》《评标委员会和评标方法暂行规定》和《××××纪检监察机关参与监督四项经济活动实施办法》的规定和要求,特制订本实施细则。

第二条 凡大修、更新改造、运营成本和专项资金项目所需物资以及其他需集中采购的物资,必须进行招标。

第三条 物资招标采购工作要以质量和效益为中心,

遵循公开、公平、公正和诚实信用原则。

第四条 依法必须进行招标的项目，任何单位（部门）和个人不得违法限制或排斥本地区、本系统以外的潜在投标人参加投标，不得以任何方式非法干涉招标投标活动。

第五条 任何单位（部门）和个人不得将依法必须进行招标的项目化整为零、直接或变相指定某一供应厂商或者以其他任何方式规避招标。

第六条 招标投标活动当事人应当接受依法实施的监督。有关行政监察部门要依法对招标投标活动实施监督，依法依纪查处招标投标活动中的违法违纪行为。

第二章 机构与职责

第七条 招标组织机构与职责。

1. 成立物资招标采购领导小组。组长：×××。副组长：分管领导、纪委书记。组员：行政各处处长和纪委副书记。领导小组职责：研究制订物资招标采购管理的有关政策规定，监督指导物资招标采购办公室按照国家有关法律法规做好物资招标采购工作。

2. 领导小组下设物资招标采购办公室（以下简称招标办）。办公室主任：分管领导。办公室成员：物资招标采购领导小组成员部门的有关人员。办公室设在物资处。其职责是：在物资招标采购领导小组领导下，按照物资招标政策规定，组织实施招标采购工作。审核物资招标采购计划，制订物资招标程序、评标标准、评标方法和打分办法；组织、协调各专业采购小组的招标采购日常事务工作，公布物资采购信息；组织对潜在投标人资格认定和物资供应厂商准入考察评审,对物资供应厂商的资质、质量、信誉进行日常管理等。

3. 招标办分设专业物资招标采购小组。根据招标物资专业品种按专业分工,招标办组建若干个专业物资招标采购小组。各专业物资招标采购小组进行招标采购时,由各主管业务处和物资处处长任组长,计划、财务、审计、企管、执法监察室和相关部门人员为组员。

第八条 物资招标采购工作必须在物资招标采购领导小组的领导下进行。招标办是授权进行物资招标采购的专门机构,统一负责物资的招标采购工作。

第九条 各部门要成立相应的招标采购组织机构,做好相关工作。

第三章 招 标

第十条 物资招标采购范围:大修、更新改造、运营成本和专项资金项目所需以及其他需集中采购的、金额在20万元及以上的物资和构成固定资产的设备(构不成批量的设备,可由招标办转委托基层单位进行招标采购)。

第十一条 招标采购方式分为公开招标、邀请招标。

1. 公开招标。对需要数量大、供应厂商多、社会通用的物资,应向社会公开发布招标公告,邀请不特定的潜在投标人投标。

2. 邀请招标。采购的物资技术复杂程度高或专业性强,供应厂商有限或公开采购成本高,与采购物资价值不相符的,采取邀请招标方式邀请特定的潜在投标人投标。对一些专项物资、专用性材料、配件等采购项目,可在专业生产厂家进行邀请招标。采用邀请招标方式时，必须向三个及以上潜在投标人发出投标邀请书。

第十二条 招标范围内的物资有下列情况之一者，须通过审批程序，由招标办采取竞争性谈判采购、单一来源采购和询价采购等方式（以下统称为其他采购方式）进行集中采购：涉及国家安全和秘密的；采购物资只能从某一特定供应厂商获得，或供应厂商拥有对该项目专有权，且不存在其他合理选择或替代物的；原采购物资的后续维修、配套、零配件供应，由于产品兼容、升级、制式统一或者标准化的需要，必须向原供应厂商采购的；因发生不可预见的急需或突发事件，不宜采用招标采购的；经公告或邀请，无三家及以上符合资质的投标人参加投标，或潜在投标人未对招标文件做出实质性响应而导致公开招标或邀请招标无法进行的；该物资的准入供应厂商不足三家，或愿意投标的准入供应厂商不足三家的；市场货源充足、采购批量小且价格变化幅度不大的。

第十三条 对已经招标过的物资，其品名、规格、技术标准完全相同、一年内需要向原中标厂商以不高于原中标价格添购，若添购物资金额在上次中标金额10%以内的，可由业务主管部门书面会商物资处、执法监察室同意后，办理添购，不再履行招标程序（一年内不得超过两次）；若上述添购物资金额在上次中标金额10%及以上但不超过上次中标金额的，经招标办成员部门集体会议讨论同意后，方可办理添购（一年内仅限一次）。若原招标物资价格已随市场价格下降，则由招标办集体决定采购方式。

第十四条　属招标采购范围内的物资，计统处、财务处在分别下达设备购置计划和大修计划，以及安排其他投资项目计划时，应注明"由招标后实施"；待项目中的物资招标工作结束后，计统处、财务处根据中标结果调整投资计划。无法标注的，由业务主管部门和招标办一起拟定招标项目计划。

第十五条　招标办根据计统处和财务处下达的计划，在一周内编制招标项目计划，并制作《招标采购通知书》，向业务主管部门送达。

第十六条　业务主管部门在接到《招标采购通知书》后，一周内向招标办反馈招标项目的筹备情况，并根据大修、更改计划和《招标采购通知书》，及时填制报表，经投资主管部门签认后，连同有关批文、推荐潜在投标人（包括推荐理由、业绩、简况等）和相关资料一并送达行政监察部门审批。行政监察部门应按《××××纪检监察机关参与监督四项经济活动实施办法》对其进行审核。业务主管部门在接到批复后，须在一周内向招标办提供招标物资数量、技术要求等相关资料（提交的技术要求需在纸质文档上加盖部门公章并提供相应电子版文档），并与招标办协商筹备具体招标采购事项。

第十七条　招标办接到业务部门报告后，及时组织相关部门参加招标筹备会议，对招标采购的有关事项进行集体讨论研究。

1. 筹备会议参加人员：与招标项目相关的专业物资招标采购小组成员。

2. 主持人由招标办负责人担任。

3. 会议内容：

(1) 业务主管部门介绍招标项目基本情况及相关要求，包括招标采购物资的品种、数量、规格、型号、技术要求、金额、资金落实等情况并推荐潜在投标人。(2) 物资处介绍招标文件准备情况并推荐潜在投标人。(3) 与会其他部门推荐潜在投标人。(4) 拟定潜在投标人。(5) 确定招标方式。属公开招标的，要向社会发布招标公告，邀请不特定的潜在投标人投标；属邀请招标的，要向三个及以上特定的潜在投标人发布招标邀请书。(6) 严格限制其他采购方式的使用。(7) 讨论确定招标文件（评标标准、评标方法、技术条件和商务文件等）。(8) 确定开标会议时间。(9) 对其他不能达成一致的事项，可进行票决，并记录备案。

第十八条 招标办根据招标筹备会议确定的内容编制招标文件。招标文件应包括以下内容：

1. 投标邀请书。

2. 投标须知。包括招标的资金来源；对投标人的资格要求；资格审查标准；招标物资的品种、数量、交货时间、交货地点及技术要求；招标文件和投标文件的澄清程序；对投标文件的内容、使用语言的要求；投标物资报价的具体要求和使用币种；投标的程序、截止日期、有效期；开标的时间、地点；评标的标准及程序等。

3. 投标书格式。

4. 合同条款：买卖双方的权利、义务；物资名称、数量、价格以及运输、验收的主要规定；付款条件、方式的规定；合同中止、解除的条件及后续处理；解决合同纠纷的程序；违约责任。

第十九条　招标办发布招标公告或发出投标邀请书。

第二十条　招标办对潜在投标人进行资格预审。预审内容包括：

1. 潜在投标人投标合法性审查：包括潜在投标人是否为正式注册的法人或其他组织；是否具有独立签约的能力；是否处于正常经营状态（如是否处于被责令停业，有无财产被接管、冻结等情况）；是否有相互串标等行为；是否正处于被暂停参加投标的处罚期限内等。

2. 潜在投标人投标能力审查：有无生产、供应所需物资的能力（必要时，需对其进行实地考察）。预审后，及时将预审结果通知潜在投标人。

第二十一条　招标办对已发出的招标文件需进行必要的澄清或者修改的，应在招标文件要求提交投标文件截止时间前，以书面形式通知已购买投标文件的所有投标人。为使所有投标人在编写投标文件时有充分的时间对招标文件的修改部分进行研究，招标办可酌情延长投标日期，并以书面形式通知每一个投标人。

该澄清或修改的内容为招标文件的组成部分，与已发出的招标文件具有同等效力。

第二十二条　自招标文件发出之日起，至投标人提交投标文件截止之日止，原则上不得少于二十日。特殊情况下需缩短时间的，必须征得投标人的同意。

第四章 投 标(略)
第五章 开标、评标和定标

第三十二条 开标会议由招标办组织,按照招标文件规定的时间、地点,邀请所有投标人参加开标。参加开标会议的代表均应签到。

第三十三条 在开标会议前,召开开标预备会议。

1. 预备会议内容:(1)确定评标委员会主任委员和成员。(2)确定打分办法。(3)确定标底。(4)确定相关事项。

2. 会议由招标办负责人主持。

3. 确定评标委员会主任委员:由主持人提出建议人选,提交会议通过。

4. 确定评标委员会成员:由评标委员会主任委员提出建议名单,提交会议通过。

评标委员会须由五人及以上单数组成,其中技术、经济等方面的专家不得少于成员总数的三分之二。评标委员会主任委员与评标委员会的其他成员有同等的表决权。

评标委员会成员应符合下列条件:(1)从事相关领域工作满6年并具有较高的专业水平和能力。(2)熟悉有关招标、投标的法律法规,并具有与招标项目相关的实践经验。(3)奉公守法、廉洁自律,能够认真、公正、诚实地履行职责。

有下列情形之一者,不得担任评标委员会成员:(1)投标人的近亲属。(2)行政监察部门的人员。(3)与投标人有经济利益关系,可能影响对投标公正评标的。评标委员会成员具有前款规定情形之一的,应当主动提出回避。评标委员会成员的名单在招标结果确定前应当保密。纪委执法监察室作为监察部门依法依纪对招标投标活动实施全过程监督。如发现有违法违纪行为的,有权中止招标活动。

5. 确认打分办法:由会议主持人宣读草拟的打分办法,提交评委会讨论通过。

6. 确定标底:标底由招标办会同投资及业务主管等部门编制建议方案,经评委会集体讨论通过并签字确认。标底确定后,应密封保存。

7. 会议有关内容达不成一致的,可进行票决,并记录备案。

第三十四条　开标会议程序:

1. 会议由招标办负责人主持。

2. 主持人宣布招标内容及投标人。

3. 投标人和监督部门确认投标文件的密封无误后,由工作人员当众启封。发现有被打开过痕迹或未密封的投标文件应视为无效投标。

4. 由投标人将有效投标文件(包括补充、修改文件、函件)中投标人的名称、投标价格和其他主要内容进行公开唱标。

5. 宣布标底。

6. 投标人退场。

7. 由评标委员会主任委员主持评标。

第三十五条　开标过程应进行记录,包括开标时间,开标地点,开标时参加单位、人员,唱标内容等都要记录备案。

第三十六条　评标委员会成员应严格根据会议确定的评标标准、评标方法和打分办法对投标文件进行封闭式评标。任何人不得非法干预、影响评标的过程和结果。

第三十七条　评标委员会成员应当客观、公正地履行职责，遵守职业道德，对所提出的评审意见承担责任。

第三十八条　评标委员会成员不得私下接触投标人，不得收受投标人的财物或者其他好处。

第三十九条　评标委员会成员和参与评标的有关工作人员不得在中标人确定前透露对投标文件的评审和比较、中标候选人的推荐及评标的其他事项。

第四十条　评标委员会判断投标文件的响应性仅基于投标文件本身而不靠外部依据。评标时除考虑投标报价外，还应考虑物资、设备的质量、技术水平和适应性，配套物资、设备的齐全性，备品备件和售后服务承诺以及有特殊要求（如安全、环保）等因素。价格分原则上占总分的50%左右；对有特殊要求的产品价格分所占比例，由评委集体商定。为防止不正当竞争，在确定价格标底时，可设置价格上下限。

第四十一条　在对投标文件进行审查、评价、比较时，评标委员会有权请投标人就投标文件中的有关问题予以说明和澄清。对要求说明和澄清的问题，投标人应以书面形式明确答复（但不得改变投标文件记载的投标报价、主要技术参数、交货期等实质性内容），经法人授权代表签署后，作为投标文件的组成部分，以替代被澄清的内容。

投标人拒不按照评标委员会的上述要求对投标文件进

行说明、澄清或者补正的，评标委员会可以否决其投标。

第四十二条　凡有下列情况之一者，投标文件应视为无效：

1. 字迹潦草、表达不清、未按要求填写或可能导致非唯一理解的投标文件。

2. 法人授权代表未在招标文件规定处逐一签署及加盖投标人公章的投标文件。

3. 投标人未参加会议的投标文件。

第四十三条　评标委员会应审查每一份投标文件是否对招标文件提出的所有实质性要求和条件做出响应。未能在实质上响应的投标，应作为废标处理。

第四十四条　评标委员会应根据招标文件，审查并逐项列出投标文件的全部投标偏差。有下列情况之一属重大偏差，应作为废标处理：

1. 未按要求交纳标书费。

2. 投标人授权代表未按要求签字并加盖公章。

3. 投标文件记载的招标物资交货期限超过招标文件的交货期限。

4. 明显不符合技术规格、技术标准要求。

5. 投标文件记载的物资包装方式、检验标准和方法等不符合招标文件要求。

6. 投标附有招标人不能接受的条件。

7. 不符合招标文件规定的其他实质性要求。

第四十五条　评标委员会成员对投标文件的技术部分和商务部分做出评审和比较，并对自己的评定意见填写评标意见表，按规定应填写的项目栏须书写清楚，然后签字送达指定人员。评标委员会应综合各评委的评定意见，出具书面评标报告，并按顺序推荐两个或两个以上中标候选人，交会议主持人；会议经审定无异议后，当场确定中标人。如有异议，向招标办报告，由招标办组织有关会议集体研究决定。

第四十六条 评标报告应如实记载以下内容：
1. 评标委员会名单。
2. 符合要求的投标一览表。
3. 评标标准、评标方法、打分办法或评标因素一览表。
4. 经评审的价格或评分比较一览表。
5. 经评审的投标人排序。
6. 推荐的中标候选人或确定的中标人以及签订合同前需要办理的事宜。
7. 澄清、说明、补充事项纪要。

第四十七条 评标报告或中标结果由评标委员会和监督人员签字有效。对评标结论持有异议的评标委员可以书面方式阐述其不同意见和理由。评标委员会成员拒绝在评标报告或中标结果上签字且不陈述其不同意见和理由的，视为同意评标结论。评标委员会应当对此做出书面说明并记录备案。

第四十八条 评标报告应送达招标办审定，确定中标人后，由招标办向中标人发出《中标通知书》，同时将中标结果通知所有未中标的投标人。

第四十九条 中标人的投标应当符合下列条件之一：

1. 能最大限度满足招标文件中的各项综合评价标准。

2. 能满足招标文件的实质性要求,且经评审的投标价格最低;但投标价低于自身完成投标物资所需成本价的除外。

第五十条 中标单位可直接纳入××××合格供应厂商资源库。

第六章 合同的签订与执行(略)

第七章 监察和责任

第五十三条 在物资招标工作中,有下列情况之一者,应视情节轻重,追究有关责任单位(部门)和责任人的行政、经济责任;构成犯罪的,依法追究其刑事责任。

1. 必须进行招标采购的物资而不招标的;必须进行招标采购的物资化整为零或者以其他任何方式规避招标的。

2. 以不合理的条件限制或排斥潜在投标人的。

3. 向他人透露已获取招标文件的潜在投标人的名称、数量,或泄露标底等关键情况而影响公平竞争和中标结果的。

4. 与投标人相互串通;或在中标人确定前,与投标人就投标价格、投标方案等实质性内容进行谈判;或接受投标人的贿赂而损害国家利益、集体利益和他人合法权益的。

5. 评标委员会成员或参加评标的工作人员在中标人确定前向他人透露对投标文件的评审和比较、中标候选人的推荐及评标其他事项的。

6. 不按招标投标文件与中标人订立合同,或与中标人订立背离合同实质性内容的协议的。

第八章 附　则

第五十四条　列入招标采购范围的物资，各级财务部门必须根据附有××××合同专用章的合同进行清算；否则，不得予以付款。

第五十五条　招标办应设立相关管理台账，妥善保存有关资料，以备案存查。

第五十六条　前发文件与本细则相抵触者，按本细则执行。

第五十七条　本细则自公布之日起施行，解释权归招标办。

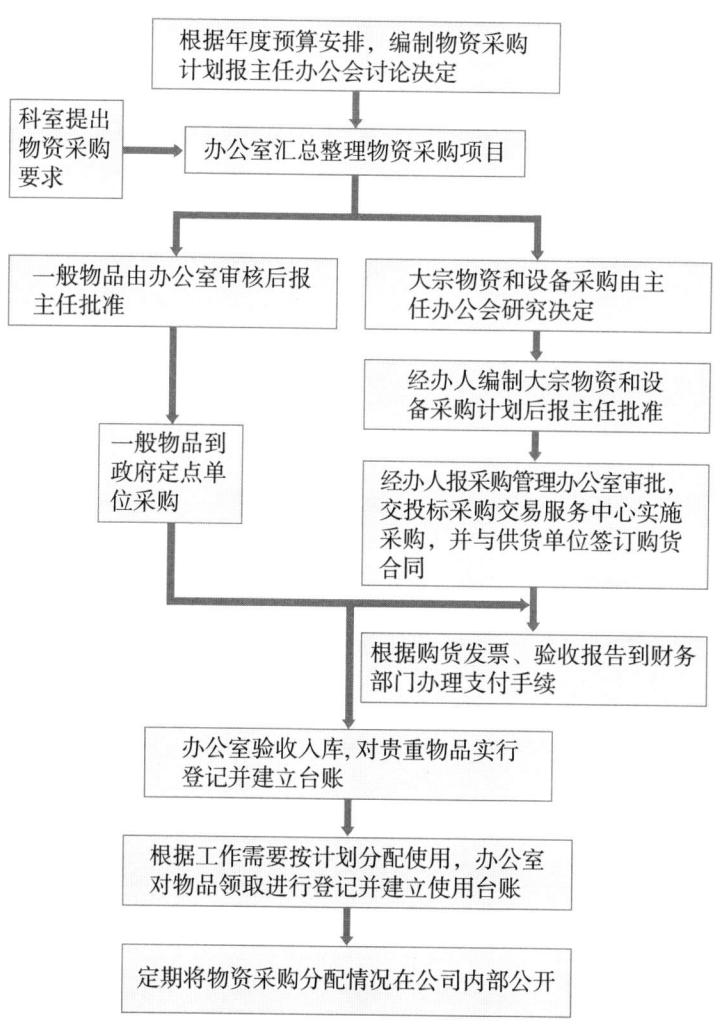

××公司物资采购流程图

关于对×××项目进行招标采购的公示

根据投资计划和项目要求,业务处建议对以下物资进行集中采购,采购的内容及方式如下:

序号	拟采购物资品名	规格型号	数量	拟采购供应商	采购方式及理由	责任部门
1						
2						
3						
4						

1. 公示期为5个工作日,自××××年××月××日起至××××年××月××日止。
2. 在公示期内,如有不同意见请反馈招标办。
3. 物资设备招标采购办公室联系方式:

地　　址:××××××

联系人:×××

电　　话:××××××

传　　真:××××××

邮政编码:××××××

废旧物品拍卖和处理公开工作

图示

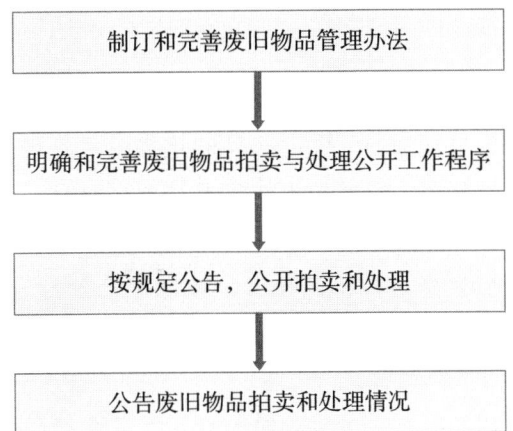

图示解说

1. 制订和完善废旧物品管理办法

基层单位一般都会有一些废旧物品或闲置的生产材料。它们在本单位虽没有太大用途,但换到另一个单位则可能派上大用场。因此，一般的企业都会制订废旧物品、闲置的生产材料的拍卖或者处理办法，以防止在处理这些物品时出现不正之风。

拍卖主要是针对大宗的经常性的物品；处理则是针对一些少的、小的甚至单件的物品，这样区分，主要基于成本的考虑，因为若都去拍卖，可能会得不偿失。制订废旧物品拍卖和处理的具体办法要以规范管理和为企业增加收入为出发点，从厂务公开和廉政建设的角度，认真规划。

2. 明确和完善废旧物品拍卖与处理公开工作程序

废旧物品的拍卖和处理一般是面向社会的，当然，本单位职工也可以参与。废旧物品的拍卖或者处理一般都有自己的工作流程，但这项工作主要是由行政有关部门来进行的。工会的主要任务是监督，促进其规范、公开地进行。同时，注重在企业内部的公开，按厂务公开规定的时间、形式、程序和范围及时公开废旧物品的拍卖和处理情况，接受职工群众的监督。

废旧物品拍卖公开的一般流程为：承办部门将公开材料报主管领导审批；主管领导审批后的公开材料在厂务公开办公室登记；承办部门按规定方式公开；收集反馈意见；制订整改措施进行整改。也有的单位是责任部门按照分工直接按规定的形式公开，自己承担责任，接受群众的监督，这也是一种好方法。

3. 按规定公告，公开拍卖和处理

废旧物品拍卖和处理前，应该向社会和职工群众公告，可以通过官网、手机客户端、微信等网上平台及纸质公告的形式进行。知道的人越多，越能拍卖出好的价钱，处理得才更公正。拍卖的原则应该是谁出的价格高就给予谁。

4. 公告废旧物品拍卖和处理情况

废旧物品拍卖和处理结束后，应及时向社会公告废旧物品拍卖的情况，及时向职工公开或者在有关范围内公开废旧物品处理的情况。

注意事项

1. 重视废旧物品的拍卖和处理

基层单位的废旧物品、一些不用的生产材料的处理，是不应忽视的问题。有的单位曾发生过个别人利用管理上的漏洞、利用手中的权力，在废旧物品的处理上，中饱私囊、损公肥私的情况。尽管废旧物品处理显得没有工程承发包、物资采购那么重要，但还是要防止企业管理上出现漏洞，给企业造成不必要的损失，使企业形象、党风廉政建设受到影响。

2. 防微杜渐

从小处着手加强基本制度建设。问题往往是一点一点

积累形成的，注重从废旧物品处理这些"小事"上下功夫，公开、公正、公平地处理问题，强化群众监督，防止在废旧物品处理这些"小事"上出现问题，发展成为大事。

范例

××公司废旧物资管理规定

第一章 总 则

第一条 为规范废旧物资管理，加强对报废、积压闲置物资的处理，明确废旧物资管理程序，提高综合经济效益，结合公司管理规定，制订本规定。

第二条 本规定适用于××公司废旧物资管理。

第三条 本规定中的废旧物资包括报废的机器设备、工器具、备品备件、库存物资、废旧钢材以及各项工程和生产中所发生的工余料、边角料等。

（一）废旧设备（废阀门、废电机、废工器具、废锅、废办公用品及其配件等）。

（二）废金属材料（废备件及废金属材料等）。

（三）其他废品（塑料制品、滤布、废轮胎、废电石袋、废编织袋、废电缆等）。

第二章 职责权限

第四条 生产设备处在废旧物资管理中的职责权限：

（一）负责本规定的制（修）订及执行情况的监督检查与考核。

（二）负责制订事业部《物资报废标准》，负责废旧物资的鉴定。

（三）负责提交事业部无法修复物资的外协检修申请。

（四）负责修旧利废物资的再利用管理。

（五）对《废旧物资台账》以及《修旧利废台账》进行监督、检查工作。

（六）负责与物流公司（运输部）联系催促拉运废旧物资，并负责拉运过程监控管理工作。

第五条 财务处及仓储中心在废旧物资管理中的职责权限：

（一）仓储中心负责鉴定废旧物资工作。

（二）仓储中心负责对退回的废旧物资进行计量、建账、分类保存管理。

（三）财务处负责事业部废旧物资销售手续审批流程的办理。

（四）财务处负责销售过程和售后所有单据的保存、统计和相关账务处理。

第六条 车间、中心在废旧物资管理中的职责权限：

（一）负责废旧物资的上交工作。

（二）负责车间、中心内部的修旧利废工作。

（三）负责建立车间、中心的修旧利废台账以及上报工作。

第七条 维修车间在废旧物资管理中的职责权限：

（一）负责废旧物资的鉴定工作。

（二）负责修理各车间、中心无法自行修复的废旧物资。

（三）负责向生产设备处提交事业部无法自行修复的物资需送外检修的证明。

（四）负责建立本车间《修旧利废台账》。

第三章 废旧物资管理流程

第八条 修旧利废物资管理流程：

（一）各车间、中心对回收的废旧物资是否有修复价值进行初步鉴定，对可自行修复的自行修复。车间、中心将自行修复的废旧物资建立《修旧利废台账》，填写《废旧物资修复验收单》经生产设备处设备员确认签字后，本车间进行使用。车间暂不使用的，由车间负责倒运至仓储中心废旧物资库进行保管，仓储中心库管员依据《废旧物资修复验收单》分类进行摆放，并做好维护工作，同时录入ERP废旧物资库内，在事业部范围内共享。

（二）车间、中心无法自行修复的废旧物资，交至维修车间，修复后建立《修旧利废台账》，填写《废旧物资修复验收单》经生产设备处设备员、车间、中心设备员确认签字后，交所属车间进行使用。车间暂不使用的，由维修车间负责倒运至仓储中心废旧物资库进行保管，仓储中心库管员依据《废旧物资修复验收单》分类进行摆放，并做好维护工作，同时录入ERP废旧物资库内，在事业部范围内共享。

（三）外协修复的废旧物资由所属车间、中心填写《废旧物资修复验收单》经生产设备处设备员、车间、中心设备员确认签字后，倒运至仓储中心废旧物资库，仓储中心库管员依据《废旧物资修复验收单》办理相关入库、存储、管理的手续。

第九条 报废物资管理流程：

（一）各车间、中心将产生的无修复价值的废旧物资进行分类交至库房，统一堆放，仓储中心进行统计建立《废旧物资台账》，每月 25 日将台账上交至生产设备处备案，生产设备处废旧物资负责人员负责监督检查仓储中心台账的真实性。

（二）废旧设备由各车间、中心统一分类保管，建立《废旧物资台账》，每月 25 日将台账上交至生产设备处废旧物资管理人员备案，废旧物资管理人员负责监督检查车间、中心台账的真实性。根据管理需要各车间、中心提交《废旧物资销售申请单》附《固定资产报废审批表》至生产设备处废旧物资管理人员，经事业部相关人员审批后，报财务资产部对已进行财务处理的报废固定资产签字确认，并报物流总公司销售。

（三）其他废品由各车间统一分类保管，建立《废旧物资台账》，每月 25 日将台账上交至生产设备处废旧物资管理人员备案，废旧物资库管理人员负责监督检查车间台账的真实性。

（四）所有报废物资在仓储中心接到销售申请单时，生产设备处废旧物资管理人员要及时办理事业部相关审批手续，根据管理需要各车间、中心提交《废旧物资销售申请单》至仓储中心废旧物资库管人员，由废旧物资库管人员办理《废旧物资销售申请单》流程，经生产设备处专管、财务总监、事业部总经理审批后,联系物流总公司进行销售。

第四章 废旧物资管理内容

第十条 修旧利废管理要求:

(一)各车间、中心在材料使用的过程中,须优先使用废旧物资库的库存物资,最后方可领用成品大库物资,以此消耗修复的废旧物资,降低成本。

(二)各车间、中心协助仓储中心做好废旧物资的堆放工作,仓储中心做好对废旧物资分拣、分类、归整、标识、保管及现场管理工作。堆放区实行分区摆放,并要求做好标识,对所有物资要妥善保管,防止丢失。

第十一条 废旧设备管理要求:

因工艺变动需要拆除的设备(如减速器、电机、泵头等)、报废的设备,调出部门需根据《固定资产管理规定》办理固定资产变更手续后方可申请销售。任何部门任何人未经批准不得擅自处置各类固定资产。

第十二条 事业部废料的销售:

(一)事业部生产设备处将审批完毕的《废旧物资销售申请单》交物流公司。

(二)废料提货人员根据开好的废料销售发货单进厂提货,门卫对进厂车辆进行检查,对拉运需过磅废旧物资的车辆认真检查。

(三)废旧物资库管员严格按发货单内容进行发货。

1. 按个数计量的废料,由产生废旧物资的车间设备员、生产设备处废旧物资管理人员认真清点,两人共同签字。拉废料车辆出门时,门卫根据废料销售单进行检查。

2. 需过磅废料,产生废旧物资的车间设备员、生产设备处废旧物资管理人员、仓储中心废旧物资库管共同到地磅称量,三人共同签字。如若一方不在,事业部必须由仓储中心主任或生产设备处长签字代办,不得指派其他人员代办。(注:仓储中心废旧物资库的物资销售由生产设备处专管和废旧物资库管员签字)

第五章 附 则

第十三条 本规定由生产设备处负责解释。

第十四条 该制度从下发之日起生效实施,以前相应制度同时废止。

废旧物资鉴定单

申请部门： 　　　　　　　　　年　月　日

序号	物资名称	数量	单位	备注

维修车间： 　　生产设备处： 　　仓储中心库管：

年　月　日

废旧物资修复验收单

部门：　　　　　　　　　　　　年　　月　　日

序号	物资名称	数量	原值	修复情况	备注

部门领导签字：　　　车间、中心设备员：　　　生产设备处设备员：

废旧物资报废登记台账

日期	部门	物资名称	报废原因	单位	数量	鉴定人	库管

修旧利废台账

日期	部门	物资名称	处理方法及结果	单位	数量	处理人	鉴定人

职工切身利益问题公开工作

图示

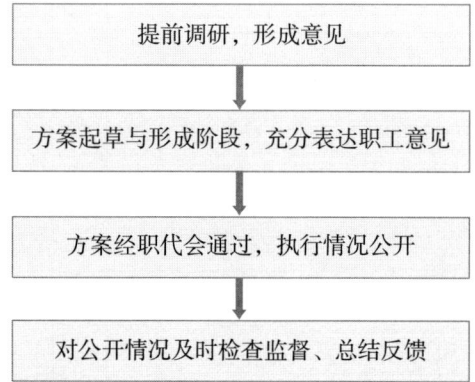

图示解说

1. 提前调研,形成意见

职工切身利益的事项涵盖范围比较广,主要包括职工劳动经济权利的实现情况,如集体合同、劳动合同的签订和履行情况,职工提薪与晋级情况,职工工资奖金分配、奖罚与福利情况,职工养老、医疗、工伤、失业、生育等社会保险基金缴纳情况，劳动安全卫生情况，职工招聘、技术职称评聘、评选选优情况，经济适用房配售和住房公积金管理情况，企业年金与公益金的使用情况，安全生产和劳动保护措施，职工培训、帮困救助及送温暖情况等。

工会要针对这些情况，提前调研，形成意见：一是要广泛收集与听取职工群众的意见；二是要了解兄弟单位、同行业相关方面的情况；三是要了解和掌握国家的相关法律法规、政策规定；四是要了解和掌握国家相关部门公布的有关数据信息，如最低工资标准、物价指数等。

2. 方案起草与形成阶段，充分表达职工意见

涉及职工切身利益的事项至关重要，在方案（办法、意见等）的起草过程中要注意充分听取与反映职工群众的意见。如职工的经济责任制考核与收入分配的方案、经济适用房配售方案等，在起草与形成的过程中，要特别注重初始阶段的职工参与，充分反映与表达职工意见。

在充分调查研究与准确反映职工意见的基础上，可通过有理有据的数据、与主管部门协调沟通、向党政主要领导汇报等措施，争取主动，做好源头参与的工作。

3. 方案经职代会通过，执行情况公开

《企业民主管理规定》明确规定了职工代表大会职权中关于职工切身利益方面的事项，要按照规定，将涉及职工切身利益的问题交职代会审议，提出意见与建议。注意防止出现职工代表大会形式化，如各单位的绩效考核办法、

经济责任制方案等核心内容,不需提交职代会审议通过,而只提交职代会联席会议审议。同时要注意方案经审议通过后的实施情况,应严格按照公开的程序执行,公开透明。

4. 对公开情况及时检查监督、总结反馈

在厂务公开的制度实施过程中,要及时按照有关规定,对公开的实施情况,特别是对涉及职工切身利益、大家非常关心关注的问题,如工资奖金、收入分配、月度考核的情况等,加强检查监督,促进制度落实。同时,对公开的实施情况进行总结,及时发现存在的问题,分析造成问题的原因,提出解决的办法。

注意事项

1. 把职工的利益看得高于一切

《中华人民共和国工会法》第六条规定:维护职工合法权益是工会的基本职责。工会在维护全国人民总体利益的同时,代表和维护职工的合法权益。2018年新修订的《中国工会章程》中规定:中国工会的基本职责是维护职工合法权益、竭诚服务职工群众。工会组织要坚决维护职工合法权益,把竭诚服务职工群众作为工会一切工作的出发点和落脚点,帮助职工群众通过正常途径依法表达利益诉求,把党和政府的关怀送到广大劳动群众心坎上,不断赢得职工群众的信赖和支持。

2. 疏解与沟通

在实际工作与生活中，有些问题是由于缺乏沟通造成的。一些人习惯于传统的思维方式与处理问题的方法，不知道变化的环境与变化的情况，不知道人们参与意识的高涨和人们在物质生活水平提高以后对精神生活日益增加的追求，不知道经济基础变化以后人们对政治方面不断增长的诉求，对职工的利益不够关心，导致在处理某些问题上不够妥善，或本来没有问题的事情由于沟通不够而出现问题。因此，要注意沟通，增进理解，让矛盾消失在萌芽状态。

3. 探索检查监督的方法，促进真实公开、公开真实

要修订厂务公开责任考核管理办法，探索试行"公开工作责任分解任务书""厂务公开工作效能监察制""厂务公开工作考核通报制"，将厂务公开内容全部落实到机关的责任部门、基层单位和责任人，通过定期检查、抽查、开展民主测评，把公开工作始终置于职工群众的监督之下。厂务公开能否持久，激励和约束机制也是一个重要的条件。厂务公开监督小组要有监督检查的工作计划，结合实际和工作标准制订达标细则。通过达标活动，对厂务公开的全过程实施检查监督，要把检查结果纳入年度总体考核范围，并把考核结果与领导干部的政绩考评挂钩。厂务公开责任落实得是否到位，要和学习型领导班子建设、文明单位创建、先进集体评比、"职工之家"建设等活动相结合。

党风廉政问题公开工作

🖼 图示

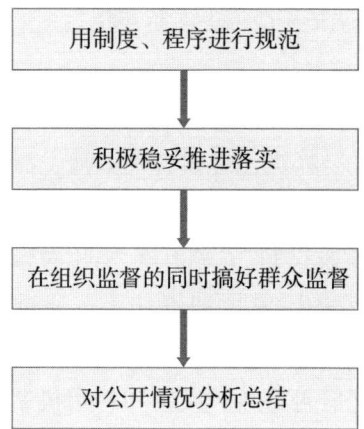

🔍 图示解说

1. 用制度、程序进行规范

企业廉政建设方面公开的问题一般包括：业务招待费的使用，中层领导人员、重要岗位人员的选聘和任用情况，企业领导人员薪酬、职务消费和兼职情况，以及出国出境费用支出、物资采购情况、工程招标情况等。这些都是比较敏感的问题,其中大部分有明确的规定,如单位的业务招待费的使用情况每年向职代会报告等。要强化廉政问题的公开,就应该在厂务公开制度中进一步明确规定。要充分认识和重视制度建设的重要性,坚持靠制度办事,用制度约束和规范行为。

2. 积极稳妥推进落实

有了制度与办法以后,要积极稳妥地推进落实。廉政问题公开的一般程序是:承办部门将公开材料报主管领导审批;主管领导审批后的公开材料在厂务公开办公室登记;承办部门按规定方式公开;收集反馈意见;制订整改措施进行整改。

3. 在组织监督的同时搞好群众监督

在推进各项制度和程序实施的过程中,可通过组织系统进行检查监督。检查内容包括:制度是否落实,程序是否规范,过程是否公开,公开的内容是否真实。也可通过群众的民主监督以及舆论监督,促进公开的真实性。

4. 对公开情况分析总结

通过对公开的情况进行总结,及时发现存在的问题,分析研究造成问题的原因,提出解决问题的办法,不断提出创新发展的思路,推进厂务公开工作的发展。

注意事项

1. 高度重视廉政问题公开

加强廉政问题的公开,强化群众的评议与监督,让权力在阳光下运行,是解决腐败问题的重要办法。因此,要高度重视廉政方面的公开。工会作为厂务公开日常工作的承担者,作为民主管理的组织者,作为职工群众利益的维护者,应努力推动厂务公开工作的深入发展。

2. 严肃认真,循序渐进

推动廉政问题的公开有一定的困难,一方面要采取积极的态度,努力进行推动;另一方面要认识事物的复杂性、任务的艰巨性,在积极向党组织和上级工会汇报取得支持的同时,量力而行,循序渐进,不要急于求成。

3. 加强组织领导

廉政建设方面的公开难度较大,要切实加强对这方面工作的组织领导,积极取得主要领导的支持,努力借助制度的力量,借助上级的力量,借助先进经验与典型的力量,通过警示教育的方法,推动工作的发展。

第三部分
车间班组事务公开工作流程图示与范例

子公司厂务公开工作

图示

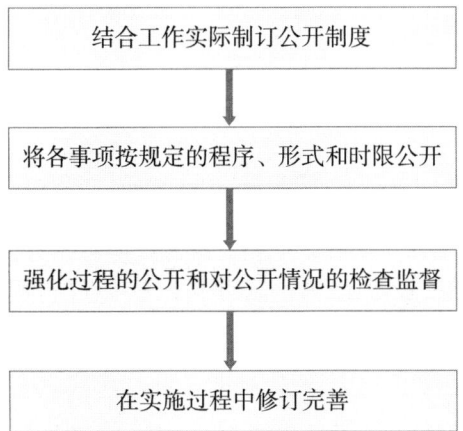

图示解说

1. 结合工作实际制订公开制度

法律规定,子公司是基层单位(总公司、集团公司)

下面具有法人资格的公司，它不同于分公司和事业部，权力和责任相对较大，具有相对的独立性。鉴于子公司的特殊性，其厂务公开制度建设，需要考虑和兼顾基层单位和车间两个层面的问题，特别是一些自主权力较大的子公司。若子公司有自主采购的权力、自主发包小型工程的权力，那么还必须重视这些方面公开的制度与办法的制订和完善。对此，应比照基层单位的厂务公开办法，考虑下属车间的实际，统筹制订综合性的厂务公开办法。涉及职工切身利益的事项，特别是有关工资、奖金、收入分配方法等方面的具体规定，必须按照规定，提请职工（代表）大会审议通过。

2. 将各事项按规定的程序、形式和时限公开

子公司厂务公开的流程应比照基层单位的公开流程：承办部门将公开材料报主管领导审批；主管领导审批后的公开材料在厂务公开办公室登记；承办部门按规定方式公开；收集反馈意见；制订整改措施进行整改。子公司厂务公开的形式应该有明确的规定。重大的事项一定要在职工（代表）大会上公开。职工（代表）大会通过以后，要通过子公司办公系统、微信群等现代传媒形式公开，并同时在公示栏里进行公开。公开时限是厂务公开的一项重要考量指标。除了职代会公开有关事项外，公开栏的内容一般是每月更新，网络的公开更是随时进行。

3. 强化过程的公开和对公开情况的检查监督

没有检查考核就等于没有落实，特别是在涉及人们切身利益的一些敏感问题上。在实践中，一些单位建立了半年一次的检查考核制度，有的单位将厂务公开民主管理同各项考核综合在一起一并进行，还有的单位建立了包括运用计算机系统控制在内的完善的考核机制，这些都是好的办法，都是应该在实施中发展和完善的，但同时要注重公开的真实性。

4. 在实施过程中修订完善

子公司是相对独立的实体单位。在推进子公司厂务公开的过程中，要针对发展变化的情况，针对职工群众不断增强的参与意识，针对上级提出的新要求，针对出现的新问题，及时修订有关的制度办法，对公开的内容、形式、时限进行必要的调整，推进厂务公开工作的发展。

注意事项

1. 发现、探索和尊重子公司厂务公开工作的规律

对于一些大企业来说，有的为了调动各个管理层次特别是子公司的积极性，调动广大员工的积极性，激发大家的潜能共谋企业的发展，齐心协力应对市场的风险，

赋予其子公司相当大的权力。但是权力与责任往往是相等的，子公司也毕竟是子公司，必须在单位赋予的权力范围内行事，必须执行总公司、上级纪委和工会组织的有关规定。在推进厂务公开的过程中，要发现、探索和尊重子公司厂务公开工作的规律，有针对性地采取措施。

子公司兼有基层单位和车间的部分特征，具有承上启下的作用。要考虑子公司相对独立、有一定权力的性质，在总公司与车间班组间的传承纽带作用，针对子公司的实际，探寻子公司厂务公开工作的特点，有的放矢地开展工作。

2. 积极取得党政支持，依靠职工群众

子公司的厂务公开工作要在党组织的领导下进行。尽管厂务公开已经有了二十多年的历史，但就整体工作而言，还不够平衡，特别是厂务公开的法治建设还要走很长的路。鉴于子公司的相对独立性，其厂务公开的有效推进在一定程度上更需要领导的重视和积极性。工会作为厂务公开工作的具体组织者，要取得党政的重视与支持，为工作的开展奠定坚实的思想基础和创造良好的外部环境。同时，子公司的厂务公开工作要依靠职工群众。随着社会的发展，职工"参政议政"的积极性越来越高，要依靠职工群众开展好工作。

范例

××子公司厂务公开一览表

公开项目	公开内容	公开形式及渠道	公开范围	公开时间	考核方式	主办部门	协办部门
组织机构	领导小组成员名单	联席会议通过,形成文件	全体职工	每年一季度	查文件、看报告、	行政办公室	党政工团
年度(阶段)工作计划	生产、经营计划,工程概况等	职工代表大会	职工代表	每年年初	查职代会资料	同上	技术财务
	计划完成情况	职工代表大会	职工代表、全体职工	每季度一次	查公开记录	同上	管理合约
重要决定	决议、决策、规章制度内容	座谈会征求意见—班子会研究—职代会通过—实施	职工代表、领导班子、全体职工	及时	查记录、询问职工	同上	执行部门

续表

公开项目	公开内容	公开形式及渠道	公开范围	公开时间	考核方式	主办部门	协办部门
工程招标	招标方案、中标单位资质	文件公开、公开栏公示	职工代表、全体职工	及时	查文本	管理部	技术管理工会财务
	合同履行情况、资金结算情况	组织有关部门检查、公示	部室负责人	每月一次	查记录	合约部	
	合同终结评审结果	有关部门，形成报告	有关部门、全体职工	合同终结前	查报告	合约部	
物资材料管理	市场参考价格、物资招标方案	公开栏	全体职工	每月月初	查资料	物资部	办公室内审员、职工代表
	招标结果，中标单位、价格、数量、合同文本	成文公示，报公司	全体职工	中标后	查资料		
	履约情况、零星采购情况	公开栏	有关部门、全体职工	每月一次及时	看记录抽查		

续表

公开项目	公开内容	公开形式及渠道	公开范围	公开时间	考核方式	主办部门	协办部门
废旧物资处理	处理计划、实施结果	成文公示	全体职工	处理前、后均公示	查台账	物资部	
安全质量环境管理	年度、阶段目标措施、投入、教育	文件、文本公开，标识显示到位	全体职工	月、季、年初公开	看标识、文件、记录及报告	管理与安全部	
	巡视检查、结果通报、事故处理意见	每日检查，及时记录，成文公布、报告		检查结果及时公开、事故处理后公示			
招待费使用情况	预算指标、使用范围及数量	向职代会报告	职工代表	年度报告一次	查账目	财务	
集体合同履行情况	合同落实、劳动保护及收入分配、劳动时间等情况	成文向职代会报告	职工代表、全体职工	年度报告一次	看报告	行政办	
职工奖惩	奖惩规定、惩罚决定文本等	先在班子内研究决定，结果在公开栏公布	班子内全体职工	及时	看决定文件、记录	行政办	

续表

公开项目	公开内容	公开形式及渠道	公开范围	公开时间	考核方式	主办部门	协办部门
廉政建设情况	述职报告	职代会上	职工代表	每年一次	考核、审计	人力资源部门	
	评议办法、评议结果	向职代会及上级报告	职工代表	每年一次	看资料	人力资源部门	
人员聘用、职称评定	对象基本情况和条件先研究,后公示、报告	公开栏	全体职工	及时	查资料	人力资源部门	
职工教育培训、创争活动	创争活动、学习培训计划投入及落实情况的文件公示、通报	公开栏	全体职工	年初公布计划,年末公开总结	查文件、看记录	人力资源部门	
下岗职工管理	数量、生活费、困补费发放、培训、再就业情况	公开栏	全体职工	每季度一次	看记录、搞调查	人力资源部门	
技术管理	施工组织方案、技术交底方案、技术创新目标、实施结果及评价	方案论证会、技术交底会、创新研讨会	职工代表、全体职工	工程开工和终结时,及时公开	看文件记录	技术(工程)部	

续表

公开项目	公开内容	公开形式及渠道	公开范围	公开时间	考核方式	主办部门	协办部门
党工团工作	组织建设、活动计划及落实情况	文件、会议、宣传媒体	党工团组织	及时	看文件记录、查资料、看实效、搞调查	党工团组织	行政办
企业文化建设	计划、投入及实施情况	成文公示	全体职工			党组织	有关部门
职工之家建设	工会、职代会、建家项目	文件文本、公开栏公示	全体职工			工会	职工代表
职工食堂	管理办法、经营账目	公开栏	全体职工	每月一次	看记录、搞调查	单位办公室	职工代表
其他热点、焦点事项	事项内容	公开栏	全体职工	及时	看记录	厂务公开办公室	事项主管部门

车间事务公开工作

图示

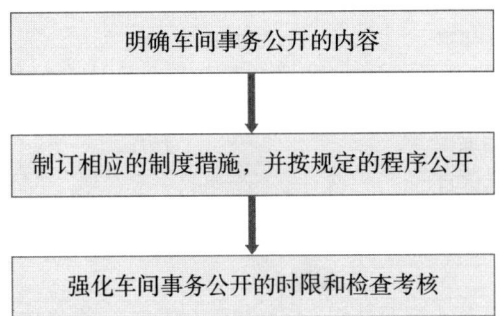

图示解说

1. 明确车间事务公开的内容

车间（分厂、分公司、事业部、处室，下同）事务公开的主要内容应该包括以下几个方面：（1）经济责任制（绩效考核办法等）实施方案及考核条件；（2）生产经营任务及完成情况、经济效益情况；（3）工资、奖金分配方案及对职工的奖惩数额；（4）有关规定和制度；（5）财务重要指标运行情况；(6) 职工下岗分流的政策、方案、人员名单和下岗安置情况；(7) 业务招待费使用情况；(8) 民主评议中层管理人员的方案、程序和结果；(9) 先进集体、先进个人评选条件及结果；(10) 废旧物资的处理情况；(11) 车间对外协作加工事项及其收益分配情况；(12) 职工劳动保护、安全生产、生活福利等事项；(13) 职工困难救济等事项；(14) 其他需要职工知道和职工要求公开的事项。

2. 制订相应的制度措施，并按规定的程序公开

贯彻单位厂务公开制度和程序的各项规定，若有结合本车间的实际需要细化的地方，则需要制订车间具体的贯彻措施或者实施办法。制订的措施，必须充分酝酿，广泛征求职工群众的意见，经职代会或者职工大会审议通过。要按照基层单位和车间厂务公开办法中规定的程序进行厂务公开的各项工作。

3. 强化车间事务公开的时限和检查考核

公开的时限是厂务公开的一项重要考量指标。在规定公开内容、公开形式的同时，也要规定公开的时限。除了职代会一般是每年进行一次公开有关事项外，公开栏的内容一般是每月更新，微信群、网络的公开更是随时进行。

车间事务公开同其他许多工作一样，没有检查考核就等于没有落实，特别是在涉及人们切身利益的一些敏感问题上。车间事务检查考核既可以单独考核，也可以同各项考核综合在一起进行，还有的单位建立了包括运

用计算机控制在内的考核机制。各种考核措施都应在实施中发展完善。

注意事项

1. 提高认识，加强领导

车间日常管理工作直接面向职工，职工对车间存在的问题也看得更清楚，对车间的工作也最有发言权。因此，应高度重视车间内部事务公开工作。车间内部事务公开要在党组织的领导下进行。车间内部事务公开，以党组织领导为主，工会作为职代会的工作机构，作为民主管理的组织者，应积极参与并努力做好工作，要积极取得党政的重视与支持。做好车间事务公开工作，既要积极努力，又要循序渐进。要认真进行调查研究，及时发现和解决存在的问题，推动车间事务公开工作的进展。

2. 发展车间事务公开的形式

车间内部事务公开的形式主要有以下几种：一是会议形式：有职工代表大会、职工大会、干部会、党政工联席会、党总支（直属党支部）会议、座谈会等形式。二是简便易行的形式——公开栏。这种形式成本低，一目了然，应进一步坚持完善。不少单位统一制作了车间公开栏，并安放在统一的位置。三是网络公开。一些单位将手机 App 建设到了车间，快捷方便，受到广泛欢迎。微信群等现代传媒方式更是迅捷方便，应充分利用。

3. 结合实际和职工的需求公开

车间的情况不同，公开的事项也会不同。同时，随着时间的推移和事物的发展，车间公开的项目也会有所不同。在推进车间事务公开的过程中，要根据车间变化的实际，根据车间职工的愿望和要求，及时就大家关心的敏感事项进行公开，相互沟通、相互理解、释疑解惑、化解矛盾。

范例

××集团公司车间（坑口）、科室（部门）、
工区、班（组）事务公开实施细则

1. 事务公开的工作体系。车间（坑口）、科室（部门）、工区、班（组）的公开体系由车间（坑口）、科室（部门）、工区、班（组）构成，分级进行。车间（坑口）、科室（部门）内部行政管理模式不同的，也按以上原则建立分级公开制度。

2. 事务公开的组织领导。成立车间（坑口，下同）、科室（部门，下同）事务公开领导小组。组长：党总支（直属党支部）书记；副组长：车间、科室行政正职，工会主席；成员：车间、科室党政副职，党支部书记（党小组长）、职工代表。领导小组工作职责：领导本单位公开工作，研究制订本单位公开工作意见，协调所属工区、班（组）的公开工作，对公开工作进行考核检查。党总支（直

属党支部）书记主持车间、科室公开领导小组会议，每半年召开一次。成立事务公开监督小组。组长：党总支（直属党支部）纪检委员；成员：党支部纪检委员、部门工会委员、职工代表。主要职责：检查考核厂务公开工作，受理职工的建议、意见和工作投诉。监督小组会议由车间、科室党总支（直属党支部）纪检委员主持，每季度召开一次。成立班（组）事务公开工作小组。组长：党小组长；副组长：班（组）长、工会小组长；成员：民主管理员、职工代表。工作职责：领导、组织开展本班（组）事务公开工作。

3. 事务公开的工作内容。车间、科室、工区事务公开内容：生产经营工作情况（包括产量、质量、效率、成本、技术改造、安全生产）；各项规章制度、管理办法的制订，涉及职工切身利益的事项；当月工作（任务）考核情况；奖金分配情况；干部任免和考核情况；工区长、班（组）长的任免及人员调配情况；对职工的奖励及处罚情况；职工试岗、待岗、下岗情况；物资采购、供应情况；与职工相关的福利情况；上级或厂（矿）部确定的其他需要公开的事项。班（组）事务公开内容：生产经营工作情况（包括产量、质量、效率、成本、安全生产）；各项规章制度、管理办法的执行情况；月工作考核情况（任务）；奖金分配情况；涉及职工利益的相关事项；班（组）人员岗位变动情况；班（组）人员奖励及处罚情况等。

4. 事务公开的工作形式。车间、科室、工区事务公开形式：根据事务公开的内容分为会议形式、资料形式、黑板报形式。会议形式：由职工代表大会、职工大会（科务会）、干部会、党政工联席会、党总支（直属党支部）会议、座谈会六种形式组成。职工代表大会：每年召开一次职工代表大会，由行政领导汇报上年生产经营情况和履行集体合同的情况。坚持每年一次在职工代表大会上评议领导人员和评议事务公开工作。职工大会：车间一般每半年召开一次职工大会，机关科室、班组一般每月召开一次全员参加的民主管理会。由主要领导通报生产、安全工作情况，公开相关事项。党政工团联席会议：每月召开一次党政工团联席会议，通报情况、协商事项、解决问题。座谈会：不定期召开座谈会，听取各方意见和建议。黑板报形式：设置固定的黑板报公开栏，向职工通报生产经营情况，管理措施、办法，涉及职工切身利益的事项，职工关心的热点问题。班（组）事务公开形式：根据实际情况，班（组）事务公开主要以排班会、班（组）民主生活会为主要形式。

5. 事务公开的工作程序。各单位事务公开的内容，经本单位事务公开领导小组审定后公开；职工代表大会按职权范围内提出的公开内容，经本单位事务公开领导小组审定后公开；职工关注的热点问题，由部门工会收集整理后，报事务公开领导小组审定后公开；事务公开的内容，同时受事务公开监督检查小组的检查监督。

6. 事务公开的工作制度。车间、科室、工区事务公开制度：事务公开领导小组每年召开一次会议，总结、安排民主管理、事务公开工作；事务检查监督小组每半年对本单位事务公开、民主管理情况进行检查，并将检查情况报厂（矿）厂务公开领导小组办公室，黑板报公开栏实行定期公开，每月一次。班（组）事务应在每天或每周一次的排班会上公开相关事项。

7. 事务公开的工作时间。定时公开：包括四种时间段，即：即时公开、月公开、季公开和年公开；凡涉及一事一议，具体协商的事项，职工关心的热点问题等相关事项实行即时公开；凡涉及常规性、经常性的工作内容或按月形成结果又必须公开的内容，实行月公开；凡阶段性、长期性、按季形成结果的事项实行季公开；须一年时间才能产生工作结果或必须在年底、年前公开的事项实行年公开。不定时公开：不定期的工作或以工作结果截止时间为时间段的相关事项实行不定时公开。

班组事务公开工作

图示

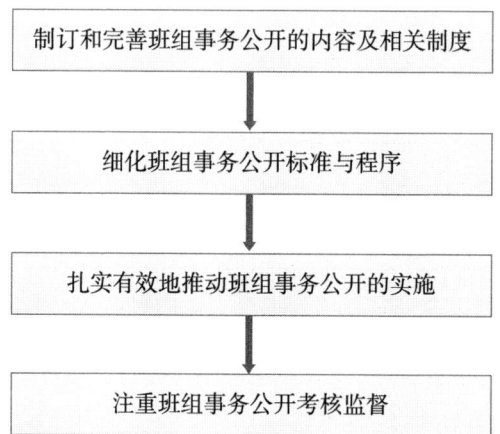

图示解说

1. 制订和完善班组事务公开的内容及相关制度

班组事务公开工作一般包含以下几项：

（1）生产任务安排和完成情况；（2）每个成员的生产、经营指标确定的背景和完成情况，违章、违纪考核情况；

(3) 工资、奖金分配办法和晋升工资落实情况；(4) 民主评议班组长情况，互助金使用等情况；(5) 班组公约；(6) 材料费、管理费、维修费的使用和结余情况；(7) 评选先进情况；(8) 职工劳动保护、安全生产措施及涉及职工切身利益事项；(9) 伙食团月度收入支出情况；(10) 其他需要职工知道和职工要求公开的事项。

要结合班组的实际情况，广泛征求班组职工的意见，制订出一套切实可行的班组事务公开制度，如班组事务公开领导小组每年召开一次会议，总结、安排班组事务公开工作；事务检查监督小组每半年对班组事务公开情况进行检查；黑板报公开栏实行定期公开，每月一次；每天或每周一次的排班会上公开相关事项。

2. 细化班组事务公开标准与程序

细化班务公开标准，接受职工群众监督。要在现有基础上，对公开的内容、形式、时限、格式以及管理监督等进行细化，统一标准，拓展职工知情的宽度和参与的深度。在内容上确定班务公开重点内容，即：月度生产任务完成情况、工资二次分配方案以及出勤休假、月度考核、"三违"、困补、评先、小伙食团的管理等制度办法。在形式上通过微信等新媒体及班务公开栏、民主管理会、班组情况通报会等形式进行公开。在时限上按照月度公开为主，临时通过的事项不得超过会议通过后三天。在格式上，统一标准，如：实行考核公开，要将对职工的考核办法、考核过程、考核结果同时公开，加减分因素、奖励扣款原因要注明写清，让职工看到觉得一目了然。通过细化公开标准，增强班组民主管理的横向比较，最终形成"考勤公开大家看、奖金公开大家算、评先公开大家选、任务公开大家干、成本公开大家管、考核公开大家把关"的班务公开的良好机制。

3. 扎实有效地推动班组事务公开的实施

班组事务公开的内容，主要是职工日常关心关注的问题，如任务的完成情况，绩效考核，收入、分配情况。要在涉及职工切身利益的问题上让职工实实在在地感受到主人翁地位的存在，在"活咋干，钱咋分"的问题上，让职工群众感受到自己的民主管理权力。

4. 注重班组事务公开考核监督

事务公开的内容同时受事务公开监督检查小组的检查监督。班组成立事务公开监督小组，检查考核厂务公开工作，受理职工的建议意见和工作投诉。可将厂务公开纳入班组建设、自控性班组考核之中，检查监督班务公开内容是否齐全、公开是否及时等细节问题，督促指导好问题整改，使班组依靠健全的制度进行管理，形成民主、公开、透明的氛围。

注意事项

1. 提高对班组事务公开的认识

班组是企业细胞，是职工常年工作的地方。班组的工作、班组的管理，也是职工最关注的地方。同时，在人们的物质生活水平提高之后，人们对精神生活的追求不断增加，希望对身边的事情发表自己的意见，希望参与到政治生活中去，希望对身边的、涉及自身利益的甚至涉及公众利益的事项发表意见。所以，我们要对班组事务公开给予足够的重视。

2. 加强班务公开的组织协调工作

班组是企业各项工作的落脚点。搞好班组事务公开，不仅是健全和完善企业民主管理制度的重要内容，也是企业强化各项基础管理工作的有效载体。要提高企业领导人员对班组事务公开的重视程度，使其认识到班组事务公开不仅仅是维护职工的合法权益，最终目的是推动企业建立和谐稳定的劳动关系，调动职工群众的积极性和创造性，促进企业健康发展，从而实现企业与职工的"双赢"。要加强对班组长进行事务公开相关知识的培训，使其认识到开展班组事务公开，是对班组长负责制的补充和保证，是服务于班组生产经营和发展的，消除他们的抵触情绪，克服思想顾虑，树立良好风范，摆正与职工的关系并虚心接受职工监督。要为职工参与班组事务公开创造良好环境，鼓励职工参与班组事务，行使班组管理的职责，激发职工群众的内在动力。

3. 发展和完善班组事务公开、民主管理的形式

班组事务公开的基本形式是班组民主管理会。班组

民主管理会由工会小组长主持,全体组员参加,一般每月召开一次,出席人数必须达到三分之二以上。班组民主管理的其他形式有:(1)设立班组民主管理员。如果班组人数比较多,生产工序比较复杂,可以根据各项工作相应民主推选技术质量员、经济核算员、安全设备员、生活福利员等;如果班组人数比较少,生产工序相对比较单一,则可以采取"一员多职"的办法,减少管理员的人数。(2)开展班组民主评议。一般每季度召开一到二次,由工会小组长主持,组员可以围绕产品质量、规章制度、成本与效益、奖金分配等与本班组有关的内容开展评议。(3)召开班组民主生活会。这是班组成员自我教育、自主管理的有效形式,一般每季度召开一到二次,由工会小组长主持,每个组员都可以提出批评和自我批评,加强沟通和交流,不断提高自身的素质。

范例

××公司班组事务公开办法

班组是职工工作、生活最集中的地方,更需要营造一个关系融洽,同呼吸、共命运的良好氛围;班组职工对经济利益的分配更希望透明,更希望能享有民主参与、民主管理、民主监督的权利。所以,班组的事务应该向职工公开。

一、公开内容

1. 每人的工时、完成任务情况;

2. 应得报酬和实得报酬情况;

3. 加班时间和加班工资情况；

4. 各种补贴、津贴情况；

5. 个人违纪或未完成任务扣罚款情况；

6. 班组完成当月任务、总收入、物资消耗及各项支出情况；

7. 班组长收入情况；

8. 其他应该公开的内容。

二、公开目的

让职工知情；接受职工群众监督；发挥职工当家做主的作用。

三、公开时间

采取定期公开方式，一月一次。

四、公开程序

班组由民主管理小组提出工资奖金分配方案，全体职工讨论同意后执行。执行过程中听取职工意见，接受职工监督。

五、公开形式

职工大会、公开栏。

六、责任人

班组长。

七、监督部门

民主管理小组。

八、监督内容和方式

监督工资奖金方案制订和通过程序以及实施结果。防止克扣职工工资，对职工乱罚款、虚报冒领、送红包、滥报加班工资以及吃喝送礼等不正之风予以制止。

第四部分
厂务公开规范化与创新工作图示与范例

厂务公开规范化工作

图示

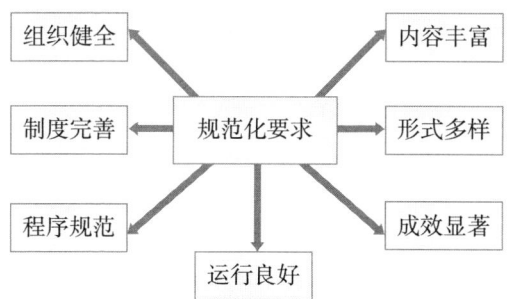

图示解说

1. 组织健全

有健全的推行厂务公开民主管理工作的领导、监督和工作机构,党政有关领导和机构能认真履行职责、积极开展工作,形成"党委统一领导、党政共同负责、有关方面齐抓共管、职工群众广泛参与"的组织体制。党委充分发挥作用,领导开展厂务公开民主管理工作;行政积极履行第一责任人职责,将厂务公开民主管理与企事业单位经营管理相结合,有部署、有要求、有监督;工会主动承担职工代表大会工作机构责任,做好厂务公开民主管理的具体组织工作。

2. 制度完善

有完善的职工代表大会、厂务公开、工资集体协商和集体合同、职工董事职工监事等工作制度,每项制度都有明确具体的工作规范、操作流程和考评办法等标准,形成目标明确、制度健全、责任落实、措施有力、监督到位的长效工作机制,并将其有机地融入到经营管理制度之中。

3. 内容丰富

企事业单位依法把涉及职工切身利益的重大决策问题、生产经营管理方面的重要事项及时向全体职工公开,充分听取职工的意见和建议;在制订、修改或者决定有关劳动报酬、工作时间、休息休假、劳动安全卫生、保险福利、职工培训、劳动纪律以及劳动定额管理等直接涉及劳动者切身利益的规章制度或者重大事项时,经职工代表大会或者全体职工讨论,提出意见和建议;集体合同草案提交职工代表大会审议通过,并向全体职工公开。国有企业坚持开展职工代表大会民主评议企业领导人员工作,民主评议结果作为奖惩、任免领导人员的重要依据;企业改制重组关闭破产方案提交职工代表大会审议,职工安置方案提交职工代表大会审议通过,确保改制重组顺利进行。科教文卫体等事业单位改制和绩效工资改革等重大问题提交职工代表大会审议。公司制企业职工代表大会、职工董事职工监事与董事会、经理层、监事会相互配合相互支持，职工董事职工监事在源头参与公司决策过程中全面真实地反映职工意见、建议和要求。

4. 程序规范

职工代表大会代表的选举、撤换符合程序，一线职工代表比例一般应在代表总数的50%以上，出席职工代表大会人数符合规定，职工代表大会选举和表决重要事项时采用无记名投票方式。应经职工代表大会审议或审议通过的，严格依照程序提交职工代表大会审议或审议通过。厂务公开在组织实施、监督检查、反馈结果等主要环节严格执行相关规定，做到公正透明、阳光操作。公司制企业职工董事职工监事经职工代表大会选举产生并接受其监督，在参加董事会、监事会表达意见前充分征求职工意见，履行职责情况向职工代表大会报告等。

5. 形式多样

在坚持把职工代表大会作为企事业单位民主管理制度的基本形式，公司制企业完善职工董事职工监事制度的同时，通过职工民主管理委员会、民主议事会、民主协商会、劳资恳谈会，以及厂务公开栏、厂情发布会和微信群、工会网站、厂报墙报以及意见箱、接待日、举报电话等形式，实行厂务公开民主管理。

6. 运行良好

职工代表大会、厂务公开、工资协商和集体合同、公司制企业职工董事职工监事等制度运行良好。职工代表大会按期换届。每年至少召开一次职工代表大会，职工代表大会依法行使职权，形成的决议得到有效落实。职工代表大会闭会期间各专门委员会和职工代表履行职责、发挥作用。应公开的问题通过各种形式真实、及时公开，职工利益诉求表达渠道畅通。职工董事职工监事向职工代表大会负责，认真履行职责，积极开展工作。

7. 成效显著

从整体上看，厂务公开民主管理在维护职工合法权益、构建和谐劳动关系，提高经营管理水平、促进企业科学发展，完善企业权力运行内部监督机制、加强企业党风建设和反腐倡廉建设，扩大职工民主权利、发展基层民主政治等方面发挥着积极作用，产生了良好效果。职工劳动经济权益和知情权、参与权、表达权、监督权等民主权利得到有效落实，企事业单位在改革发展过程中的矛盾和问题得到妥善处理，劳动关系和谐，厂务公开民主管理工作对提高企事业单位经济效益和社会效益有明显作用，职工群众对厂务公开民主管理工作情况满意率较高。

注意事项

1. 明确指导思想

要认真学习贯彻党的十九大精神,以习近平新时代中国特色社会主义思想为指导,按照《劳动法》《劳动合同法》《工会法》《公司法》《企业民主管理规定》等法律法规和《中共中央办公厅、国务院办公厅关于在国有企业、集体企业及其控股企业深入实行厂务公开制度的通知》,以及全国厂务公开协调小组办公室《2019—2023年全国企业民主管理工作五年规划》与2020年7月印发的《全国厂务公开民主管理工作先进单位评选表彰管理办法》和每年度的全国企业民主管理工作要点等有关文件要求,促进厂务公开民主管理的规范化建设,研究新时代厂务公开民主管理的特点与规律,充分发挥先进典型的引领示范作用,切实提高厂务公开民主管理工作的水平。

2. 加强领导,着力推进

可按照"整体规划、分级实施、以点带面、全面推进"的工作思路,结合单位实际,采取有力措施,逐步推进厂务公开规范化建设。厂务公开领导小组要结合本单位的工作,发挥自身优势,加强协调配合,合力推进。应坚持高标准、严要求,培育和选树组织健全、制度完善、措施有力、工作扎实、群众认可、成效显著的单位作为典型和标杆,充分发挥其引导、带动和辐射作用,以点带面。企业集团可从单位的实际出发,针对不同系统、不同类型、不同层次、不同治理结构单位的特点,培育和选树不同的典型,整体推进厂务公开民主管理的制度化、规范化建设。

3. 采取得力措施

一是对标自查,认真分析。要对厂务公开民主管理工作情况进行自查,特别是在深入细致调查研究的基础上,认真分析职代会、厂务公开、工资协商和集体合同制度、公司制企业职工董事职工监事制度的现状和不足之处,查找问题的原因和症结所在,制订切实可行的整改措施,推动真实公开、规范发展。二是制订方案,精心组织。应按照全国总工会和上级工会的总体要求,制订好具体的推进计划和工作方案,明确目标,细化标准,规范工作程序,明确任务与要求。要将厂务公开民主管理规范化建设同创先争优、创建劳动关系和谐企业等活动有机结合起来,对以往的制度、办法进一步修改完善,规范发展,精心组织,抓出成效。三是评比表彰,激励先进。定期或者不定期地对厂务公开民主管理工作进行检查,及时发现问题,研究解决。要注意表彰先进,激励和鞭策后进。

范例

坚持和深化厂务公开民主管理工作　构筑企业与职工命运共同体

冀中能源峰峰集团是我国主焦煤生产基地,现有职工

5.2万人。69年来,峰峰煤矿传承红色基因,对党忠诚,报效祖国,服务人民,为国家建设、改革和发展作出了重要贡献。进入新时代,峰峰集团坚持以人民为中心的发展思想,不断深化厂务公开民主管理工作,形成了企业与职工命运共同体,促进了劳动关系和谐,实现了高质量发展。

一、讲政治抓公开,提高了企业战斗力

20年厂务公开,20年发展变迁,峰峰集团始终不变的是全心全意依靠职工群众办企业的这份初心。"民心是最大的政治",厂务公开民主管理工作是落实党的依靠方针、赢得民心、提高企业战斗力的重要制度安排。保护好、调动好、引导好、发挥好职工群众的积极性、主动性和创造性,是国有企业的重大历史使命和政治任务。立足于企业高质量发展新方位,将厂务公开民主管理工作纳入集团公司"十三五"发展规划,写入公司章程,积极构建企业与职工命运共同体;立足于共建共治共享企业治理新格局,将厂务公开民主管理工作纳入企业党政重要议事日程,健全完善厂务公开领导小组和工作机构,定期召开专题会议研究厂务公开面临的新情况、新问题;立足于企业全面深化改革新阶段,将厂务公开民主管理工作纳入企业管理"十大"运行机制,融入企业党政一体化考核和职工之家流动红旗竞赛,做到同部署、同安排、同考核、同讲评;立足于新时代职工群众对美好生活的新需求,将厂务公开民主管理工作纳入和谐劳动关系建设,把职工当亲人、让职工当主角,把职工高兴不高兴、满意不满意作为厂务公开民主管理工作的最高标准,企业所有"三重一大"问题决策、与职工切身利益密切相关的重要事项以及各类荣誉表彰、帮扶救助等全面向职工公开，企业的决策更加民主、规范、科学，让广大职工的心更齐、气更顺、战斗力更强。

二、重实效真公开，增强了企业凝聚力

20年厂务公开，20年实践总结，重实效、真公开成为峰峰集团搞好厂务公开民主管理的法宝。为此，集团公司每年组织开展大规模职工思想动态调查，把所有与企业改革发展、转型发展息息相关的"三重一大"问题和职工最关心最关注的切身利益问题，全部列入公开范围，真实、及时、全面公开。企业对职工的坦诚与真心，赢得了职工的信赖和支持，换来了职工的责任和担当。"厂兴我兴、厂荣我荣"的思想烙印，融入到了职工心里，体现到了各个岗位上，汇聚成了一股意志坚定、勇往直前、无坚不摧的磅礴力量。2015年化解过剩产能，峰峰集团两对矿井退出，7263名职工面临分流安置、终止和解除劳动关系、经济补偿、帮扶救助等情况，我们充分发挥公开栏、报纸、电视等传统阵地和网站、微博、微信、微视频等新媒体作用，多层次、多形式征求职工意见，广泛深入宣传国家政策，及时、准确公开工作进展全过程。组织引导职工积极主动参与《化解过剩产能引导退出方案》和《职工安置方案》的制订和修改，两个方案在职代会上一次性全票通过，无一人因化解产能而上访。峰峰集团棚户区改造项目，涉及25958户、90855人。我们组织12000余名职工到施工现场观摩，同时把棚改方案、分房方案、施工队伍选择、建筑材料招标、新楼认购等全部事项、全过程公开，拆迁任务提前半年完成，职工满意度达到 95% 以上，所涉职工全部乔迁新居。金融危机时期，企业资金异常紧张，我们把形势任务、煤炭销售、资金缺口等全部家底，通过各种渠道向职工公开，领导干部主动减薪 20%，业务招待费每年递减 33%。集团党政提出"两条底线"和"两个确保"承诺（给职工一份工作干，给职工开一份工资；确保在职职工基本工资不受影响，确保困难职工家庭基本生活不受影响），职工心明眼亮，队伍稳定，干劲倍增，当年提出合理化建议 1.3 万条，直接创效 500 多万元，为企业走出困境、再创佳绩打下坚实基础。

三、建机制常公开，提升了企业保障力

20 年厂务公开，20 年建章立制，推动了厂务公开与企业发展同频共振，成为企业改革发展的重要制度安排和机制保障。我们建立健全了《贯彻〈河北省企业民主管理条例〉实施细则》等系列厂务公开制度。为保证体系运行规范有效，我们按照 ISO9000 质量管理体系标准，构建了厂务公开责任、保障、控制、管理、监督等五大工作机制，并经过专业质量管理机构认证，实现了厂务公开工作策划、实施、检查、改进的闭环管理。坚持每周更新公开栏，每季组织厂情发布会，每半年召开职代会，定期邀请企业高管宣讲企业经营形势、发展规划，向职工亮家底。建立企业、职工和工会三方沟通协商机制。通过 QQ 群、工会网站、微信等形式，丰富职工诉求表达渠道和载体。推行由劳模、班组长、一线职工组成的职工代表，与集团公司各级党政领导面对面交流的民主恳谈会制度。集团公司邯郸洗选厂召开以"开拓外部市场"为主题的民主恳谈会后，陆续在新疆、山西、河北3地开辟6个"根据地"，职工年人均工资从不到4万元上升到5万多元，帮助企业渡过了难关，进入了高质量发展的新阶段。

四、赢满意认公开，汇聚了企业发展力

20年厂务公开，20年实践经验，我们确立了"职工群众满意度"是检验厂务公开效果的最高标准。集团公司及各单位350余处公开阵地，都建在职工宿舍、社区等离职工群众最近最方便的地方，每月公开事项达510余项；各种新媒体阵地定期、适时公开企业信息。为推动厂务公开工作更好地落到实处，我们推行了"十二个联手"工作法，即与党政办公室、组织人事部等十二个部门联手，厘清职责、规范程序、明确内容、严格考评，最大限度地保障了职工的各项民主权利。通过职工董事、职工监事制度，源头参与企业经营管理重大事项、维护职工群众切身利益；实施职工代表"提案改善"行动，为企业创效千万元以上；推广职工仲裁"小法庭"、职工"议政日"等民主管理活动，不断丰富职工参与企业管理的途径和方法。坚持每年一度的职代会民主评议干部，2017年以来，对551名副总师及以上领导人员、448名专业技术人员进行了民主评议，推荐优秀干部144人，诫勉谈话7人，降职使用1人。企业风清气正，把职工当家人，让职工站台前，职工看在眼里、记在心里，汇聚形成了企业强大的发展力。（厂务公开网，冀中能源峰峰集团有限公司，2019年）

××市企事业单位厂务公开制度登记

县（区）、系统：　　　　　　　　　　　　填表日期：

序号	单位基本情况				建立厂务公开制度情况				
	单位名称	类型	职工总数	单位盈亏	是否建立厂务公开制度	是否成立厂务公开领导机构	是否制订厂务公开实施意见	是否设立厂务公开实施意见	是否建立职代会制度

注：国有、集体企业　　个；事业单位　　个；非公有制企业　　个。

××市企事业单位职工代表大会情况登记表

县（区）、系统：　　　　　　　　　　　　　填表日期：

序号	单位名称	类型	本届职代会产生日期（年、月）	本年度召开会议次数	职工总数	代表总数	其中			本年底职工代表培训数
							一线职工	技管人员	中层以上管理人员	

注：国有、集体企业　　个；事业单位　　个；非公有制企业　　个。

××市职代会民主评议领导人员情况汇总表

单位：　　　　　　　　　　　　　　　　　　　　　　　　　　　　　填表日期：

企事业类型		开展评议的基层单位总数	参评的单位数	正式职工代表数	被评议的领导人员情况									被评议的中层人员情况								
					总数	优秀	称职	基本称职	不称职	奖励	提拔	降职	免职	处分	总数	优秀	称职	基本称职	不称职	奖励	提拔	推荐后备	降职	免职	处分
国有企业	大型																								
	中型																								
	小型																								
集体企业	大型																								
	中型																								
	小型																								
国有控股企业	大型																								
	中型																								
	小型																								

续表

基层单位总数	开展评议的单位总数	参评的正式职工代表数	被评议的领导人员情况								被评议的中层人员情况							
			总数	优秀	称职	基本称职	不称职	奖励	提拔	降职	免职	处分	总数	优秀	称职	基本称职	不称职	奖励	提拔	推荐后备	降职	免职	处分

企事业类型		
企业化管理的事业单位	大型	
	中型	
	小型	
事业单位		
其他		
合　计		

注：此表请县、区、局（公司）汇集填写，报市厂务公开办公室（市总民主管理部）。

企事业单位职工代表大会（职工大会）报告单

填报日期：

单位全称		行政隶属关系		企业级别规模	
经济类别（国有、集体、股份制、控股或其他）					
类别(企业、事业)		本届职代会产生年、月		届期（年）	
会议届、次		会议召开时间		月 日至 月 日	
职工总数		代表总数		到会代表数	

代表中生产工人：　　　　　　技术、管理人员：
领导人员：　　　　　　　　　高中、中专以上文化：

职代会决议决定	通过的决议、决定	
	未通过的方案	

本次职代会征集提案	立案　　件，其中生产经营　　件
上次职代会提案：　　件	实现提案　　件，其中生产经营　　件

民主评议的对象、人数、时间、方法、奖惩，公司及上级有关部门参加人：

企业党、政、工负责人及职工代表对会议的评价：

续表

民主管理工作创新或建议			
会前报告时间	月　日	会前报告人姓名	
会后填报人姓名	工会主席（签字）	电话	

职代会纪要：

职工代表培训情况：

本次职代会上厂务公开内容：

职代会届期说明：

注：本表于职代会闭会后十天内报上一级工会，各县区、系统汇总后报上一级工会民主管理部。

××市公司制企业职工董事、职工监事登记表

县（区）：　　　　　　　　　　　填报日期：

项目＼公司	有限责任公司			股份有限公司		合计
	国有独资	国有控股	其他	国有控股	其他	
公司制企业总数						
建立工会的公司数						
建立职代会的公司数						
设董事会的公司数						
其中：设职工董事的公司数						
董事会人员总数						
其中：职工董事数						
工会主席、副主席进入董事会的公司数						
设监事会的公司数						
其中：设职工监事的公司数						
职工代表占监事会人员三分之一以上的企业数						
监事会人员总数						
其中：职工监事数						
工会主席、副主席进入监事会的公司数						

说明：1. 公司董事会、监事会中的职工代表称职工董事、职工监事。

2. 工会主席、副主席进入董事会、监事会是指以职工代表身份进入公司董事会、监事会。

厂务公开创新工作

📊 图示

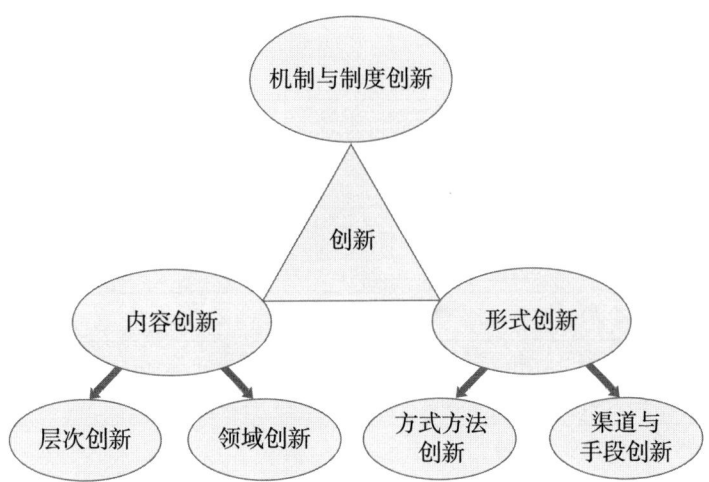

🔍 图示解说

1. 机制与制度创新

一是要注重配套制度,使制度能够得以落实,使机制不因人为因素受到大的影响。例如,制订和规范厂务公开监督考核制度，建立公开责任追究制度，建立由纪检监察、工会和职工代表组成的监督考核小组。

二是定期组织职工代表对厂务公开进行专题检查，检查情况向厂务公开领导小组反馈，并与有关部门工资奖金挂钩，促进厂务公开工作行之有效。

三是将厂务公开民主管理纳入企业整体工作考核、经济责任考核、党风廉政建设考核、领导班子建设考核、企业领导人员年终考核、职工之家建设考核等考核之中。

四是通过上级党政工组织的监督、检查与帮助，指导、督促下级严格执行厂务公开制度与规定，落实职工民主监督的权利，敦促其把厂务公开抓紧、抓实、抓好。

五是厂务公开民主管理程序要规范。要切实做到企业重大决策必须通过厂务公开，听取职工意见，并提交职代会审议，未经职代会审议的不应实施。涉及职工切身利益的重大事项，更应向职工公开，职代会按照法律法规规定具有决定权和否决权，审议的方式通过无记名投票确定。通过其他形式公开的事项，也要建立严密的工作制度，形成制度化、程序化的目标管理体系。

2. 内容、层次与领域创新

公开的内容上，向企业经营管理的重点、难点延伸和拓展。厂务公开要着力加强科学管理。一是深化对物资采购及供应的公开，对大宗物资设备采购工作实行渠道、价格、程序和承诺公开。二是深化对重大投资项目、工程承发包、外协队伍选用的公开。三是深化对企业生产经营状况的公开。把企业生产经营的困难和优势、任务和奋斗目标及资产运作状况等全面公开，广泛听取职工的意见和建议，调动职工的积极性。

公开的领域上，向企业改制改革的攻坚领域延伸和拓展。及时公开关系到企业和职工前途命运的改革难点问题，使职工群众了解改革的意图和背景，深化对改革的认识，促进企业的改革与发展。

公开的层次上，要向生产一线延伸和拓展。随着改革的深入，项目经理部、一线分厂、车间拥有更大的责、权、利，在工资分配、劳动用工、安全福利等方面有较大的自主权。因此，应该将其财务管理、人事管理、物资采购、劳动卫生、安全防护、质量成本、业务招待、工资奖金、生活福利等职工最为关心的情况及时向职工公开。

3. 形式、方式方法、渠道与手段创新

公开的形式上向多样化延伸和拓展。一是在传统的基础上做细做实，规范发展，积极创新。在坚持职工代表大会、公开栏等基本公开形式的基础上，进一步利用民主协商会、对话会、议事会、座谈会等形式把应公开的内容告知广大职工。坚持凡需职工参与决策的要事前公开，凡需职工参与管理的要事中公开，凡需职工知道结果的要事后公开，凡既重要又紧迫的事情应及时公开。

二是充分利用现代传媒手段。大力推动通过微信群、门户网站等现代传媒手段，促进公开快速及时进行。如有

的单位利用网络终端到个人、到班组的有利条件,及时公开公告有关事项,快捷方便。有的单位建立自己的微信群,及时快速向职工公告包括收入在内的众多事项。还有的单位利用年轻人多的情况,充分利用现代传媒平台,让职工有一个表达思想和意见的渠道,加强对青年职工的沟通与引导。

注意事项

1. 提高对厂务公开民主管理的认识

提高对厂务公开民主管理的认识主要有两个方面:一是工会工作者自身的认识。厂务公开的创新发展,在涉及一些人既得利益的时候,会很困难。在没有法律法规强制执行的情况下,凭宣传教育,凭道德力量,其约束力度是有限的。工会工作者对此要有足够的认识和思想准备,勇敢面对,不要气馁,积极主动,循序渐进。二是在领导人员培训中增加厂务公开民主管理的内容,通过利用一切有利的机会和行之有效的方法与渠道引导企业负责人提高认识,推动厂务公开民主管理的发展。

2. 不断探索创新

创新是一个国家、一个民族的生命,也是一级组织、一个企业、一项工作的生命,厂务公开民主管理工作也是一样。只有不断地对做过的工作进行回顾总结与理性思考,才能提炼、抽象、升华出经验,也会认识到不足、教训与应该完善的地方。只有在总结经验的基础上针对变化了的与变化着的情况，认真进行分析思考并对可能发生的情况进行预测，才能进行探索创新与发展。

3. 注重方式方法

厂务公开民主管理操作要注重方式方法。一是必须坚持公开内容真实可信。在涉及职工切身利益的问题上敢于讲真情，对企业面临的困难敢于说实话，不回避"热点""难点"问题，把职工群众关心的问题进行公开，实现双向沟通，调动职工的积极性。二是工作方法必须实实在在。要从企业实际出发，认真调查研究，摸清情况，找准切入点，尽量使公开的内容一目了然。要敢于公开深层次问题，让职工能够全方位地参与监督管理，把真实的数据、真实的办事程序、真实的内容展现在职工面前。三是公开要注意工作的实效性，不能为公开而公开，只重形式不管效果。

范例

关于建立厂务公开民主管理工作考核评价制度的通知

各县（市）区、市直基层单位厂务公开领导小组：

为认真贯彻××××《关于进一步深化厂务公开民主管理工作的意见》，切实加强厂务公开民主管理制度建设，积极推进全市工作的深入开展，经研究决定，建立厂务公开民主管理工作考核评价制度。现就有关事项通知如下：

一、考核评价的对象

各县（市）区、市直基层单位。

二、考核评价的时间

自××××年开始，市厂务公开领导小组按照《厂务公开民主管理工作考核评价方案》（见附件）的要求，对各县（市）区、市直基层单位厂务公开民主管理工作进行考核和评价。考核评价在年终进行。

三、考核评价的内容

考核评价的内容共分四大类、九个项目，涉及民主管理组织领导、民主管理制度建立、民主管理作用发挥和民主管理基础建设等方面。市厂务公开办公室根据实际情况，将定期对考核评价内容和考核指标进行调整。考核评价标准分值为100分。

四、考核评价的办法

1. 自查考评。由各县（市）区、市直基层单位按照考核评价的有关内容，对所属基层企事业单位定期进行考核评价。

2. 检查考评。由市厂务公开办公室对照《厂务公开民主管理工作考核评价方案》各项内容，进行检查考评。

3. 考评形式。主要采取听汇报、查档案资料、抽查基层单位、召开职工座谈会、职工问卷调查等形式。

4. 总结表彰。依据考核评价结果，对厂务公开民主管理工作进行综合评价和总结；对工作成绩突出的单位和个人进行表彰和奖励。

五、几点要求

1. 提高认识，加强领导。各单位要高度重视，提高认识,切实加强领导,把建立厂务公开民主管理工作考核评价机制作为重要的任务来抓,充分发挥各级厂务公开领导小组的作用,推动厂务公开民主管理工作深入开展。

2. 健全制度,规范运作。要建立健全各项工作制度和考核评价制度,细化工作目标,明确工作职责。做好档案的分类管理工作,做到填写规范、数据翔实,充分反映本单位厂务公开民主管理工作的实际状况。

3. 加强指导,狠抓落实。要加强督促检查和工作指导,认真总结经验,及时发现和解决工作中存在的问题,切实保证各项考核任务的落实。

附:《厂务公开民主管理工作考核评价方案》

××市厂务公开领导小组
××××年××月××日

附件

厂务公开民主管理工作考核评价方案

类别	考核评价内容	考核评价指标	考核评价方式	标准分值	扣分原因	考评分值
一、民主管理组织领导（20分）	1.党政重视民主管理工作，纳入议事日程	（1）县（市）、区委及政府年度内专题研究厂务公开民主管理工作或有关领导参加相关会议2次以上	看会议记录、会议纪要、领导讲话等材料	4分	少1次扣1分	
		（2）县（市）、区委及政府或有关部门联合出台厂务公开民主管理工作意见或具体措施	看有关文件、实施意见等	3分	—	
		（3）县（市）、区政府在资金、物质上为民主管理工作创造必要的条件	看财政对厂务公开预算批复、政府支持的设备清单	4分	—	

续表

类别	考核评价内容	考核评价指标	考核评价方式	标准分值	扣分原因	考评分值
一、民主管理组织领导（20分）	2.厂务公开领导机构和工作机构健全，各项工作正常	（1）成立以党组织统一领导，党政工负责人及有关部门参加的厂务公开工作领导小组，并能经常研究厂务公开工作	看领导小组成立文件、有关会议记录	3分	—	
		（2）成立以纪检、组织、工会及相关部门参加的厂务公开办公室，职责明确	看厂务公开办公室组成人员名单及各部门职责分工	3分	—	
		（3）坚持厂务公开办公室例会制度，每年不少于1次会议；办公室成员单位配合默契，组织开展厂务公开日常活动	查会议记录簿，查活动计划、文件及总结等	3分	少1次扣0.5分	

续表

类别	考核评价内容	考核评价指标	考核评价方式	标准分值	扣分原因	考评分值
二、民主管理制度建立（32分）	1. 基层厂务公开制度建设	（1）国有、集体企事业单位厂务公开建制率为100%	看《企事业单位厂务公开制度登记表》，抽查基层单位	2分	建制少5个百分点扣1分，依此类推	
		（2）非公有制企业厂务公开建制率为50%以上；50%以上企业设厂务公开栏	看《企事业单位厂务公开制度登记表》，抽查基层单位	5分	建制少5个百分点扣1分，依此类推	
	2. 基层职代会制度建设	（1）国有、集体企事业单位职工代表大会制度建制率为100%	看《企事业单位职代会情况登记表》，抽查基层单位	2分	建制少5个百分点扣1分，依此类推	
		（2）50人以上、年销售额在500万元以上非公有制企业职代会制度建制率为60%以上	看《企事业单位职代会情况登记表》，抽查基层单位	5分	建制少5个百分点扣1分，依此类推	

续表

类别	考核评价内容	考核评价指标	考核评价方式	标准分值	扣分原因	考评分值
二、民主管理制度建立（32分）	2.基层职代会制度建设	（3）县、区有5家以上区域性、行业性职工代表大会制度试点单位	看区域性、行业性职代会成立的相关资料	4分	少1家扣0.8分	
		（4）按照《××市职工民主管理条例》《进一步完善职工代表大会制度的若干意见》，企事业单位职代会按期换届率为95%。特殊情况，延期换届的，有请示报告	看《企事业单位职代会情况登记表》及延期换届请示报告	4分	建制少5个百分点扣1分，依此类推	
		（5）企事业单位每年1~2次职代会召开率为100%	看《企事业单位职代会情况登记表》和《企事业单位职代会报告单》及相关资料	4分	建制少5个百分点扣1分，依此类推	

续表

类别	考核评价内容	考核评价指标	考核评价方式	标准分值	扣分原因	考评分值
二民主管理制度建立（32分）	3.企业职工董事职工监事制度建设	（1）按照新修改的《公司法》《××市职工民主管理条例》规定，国有公司制企业董事会成员中应当有职工代表的企业占80%	看《公司制企业职工董事职工监事登记表》、现场查看	3分	建制少5个百分点扣1分，依此类推	
		（2）公司制企业监事会成员中应当有职工代表的企业占90%，职工代表数应不低于监事总数的三分之一的企业占70%	看《公司制企业职工董事职工监事登记表》、现场查看	3分	建制少5个百分点扣1分，依此类推	
三民主管理作用发挥（37分）	1.厂务公开工作实绩	（1）厂务公开工作有计划、有措施、有总结，县区厂务公开办公室每年组织开展一次工作检查	看工作档案、资料	4分	缺1项扣1分	

续表

类别	考核评价内容	考核评价指标	考核评价方式	标准分值	扣分原因	考评分值
三、民主管理作用发挥（37分）	1. 厂务公开工作实绩	（2）国有、集体企事业单位按照《××市厂务公开工作基本规范（试行）》规定的公开内容实行公开。坚持以职代会为厂务公开主要形式，以公开栏及现代传媒形式等为厂务公开日常形式	听汇报、抽查基层单位	5分	按汇报、检查情况确定分数	
		（3）非公有制企业采取与本单位实际相适应的公开形式，公开的内容主要是落实职工的知情权、参与权和监督权	听汇报、抽查基层单位	3分	按汇报、检查情况确定分数	
	2. 职工代表大会工作实绩	（1）国有、集体企事业单位职代会审议建议权、审查同意或否决权、评议监督权、民主推荐或民主选举权等职权得到落实	听汇报、抽查基层单位	4分	按汇报、检查情况确定分数	

续表

类别	考核评价内容	考核评价指标	考核评价方式	标准分值	扣分原因	考评分值
三、民主管理作用发挥（37分）	2.职工代表大会工作实绩	（2）非公有制企业职代会知情权、审议建议权、监督权等职权得到落实	听汇报、抽查基层单位	5分	按汇报、检查情况确定分数	
		（3）国有、集体企事业单位改制方案经过职代会审议或审议通过，其中职工分流安置方案经过职代会无记名投票表决通过后实施	看工作资料、听汇报	5分	按汇报、检查情况确定分数	
		（4）国有、集体企事业单位职代会民主评议领导人工作，每年开展一次	看职代会资料和《企事业单位民主评议领导人员汇总表》	5分	按汇报、检查情况确定分数	

续表

类别	考核评价内容	考核评价指标	考核评价方式	标准分值	扣分原因	考评分值
三、民主管理作用发挥（37分）	3. 职工董事职工监事工作实绩	（1）董事会、监事会中的职工代表由职工通过职工代表大会、职工大会或其他形式民主选举产生	看工作资料、听汇报	3分	按汇报、检查情况确定分数	
		（2）职工董事、职工监事定期向职代会报告工作，接受职代会监督	看工作资料、听汇报	3分	按汇报、检查情况确定分数	
四、民主管理基础建设（11分）	档案资料、总结材料等	（1）民主管理各类文件、资料归档完整、齐全，分类规范	查工作档案	3分	不完整、不规范各扣2分	
		（2）《企事业单位职代会报告单》内容翔实，归档规范	看《企事业单位职代会报告单》内容及归类情况	2分	不完整、不规范各扣2分	

续表

类别	考核评价内容	考核评价指标	考核评价方式	标准分值	扣分原因	考评分值
四、民主管理基础建设（11分）	档案资料、总结材料等	（3）《企事业单位民主评议统计表》客观反映基层民主评议工作实际情况	看《企事业单位民主评议领导人员汇总表》	3分	—	
		（4）每年有民主管理工作总结和报告	看民主管理工作总结	3分	—	

附 录

全国厂务公开协调小组办公室关于印发《全国厂务公开民主管理工作先进单位评选表彰管理办法》的通知

国厂开组办发〔2020〕4号

各省、自治区、直辖市厂务公开协调（领导）小组：

《全国厂务公开民主管理工作先进单位评选表彰管理办法》已经2020年7月23日全国厂务公开协调小组第二十四次会议审议通过。现予印发，请结合本地实际，认真贯彻落实。

全国厂务公开协调小组办公室
2020年7月31日

全国厂务公开民主管理工作先进单位评选表彰管理办法

第一章 总 则

第一条 为规范全国厂务公开民主管理工作先进单位

评选表彰工作（简称"评选表彰工作"），根据《中共中央办公厅 国务院办公厅关于印发〈评比达标表彰活动管理办法（试行）〉的通知》、全国评比达标表彰工作协调小组《评比达标表彰活动管理办法（试行）实施细则》（国评组发〔2011〕5号）有关规定，结合全国企业民主管理工作实际，制定本办法。

第二条 评选表彰工作应贯彻落实习近平新时代中国特色社会主义思想和党的十九大、十九届二中、三中、四中全会精神。深入宣传各地开展企业民主管理工作的好经验好做法，充分发挥典型的引领示范作用，不断推进企业民主管理制度化、规范化建设，为加强基层民主政治建设、构建和谐劳动关系、维护职工队伍和社会稳定、促进经济平稳健康发展、夺取新时代中国特色社会主义新胜利作出新贡献。

第三条 评选表彰工作应遵循公开、公平、公正的原则，坚持总量控制、合理设置、严格审批、注重实效总要求，严格按照规定的条件、权限和程序，充分体现先进性、代表性和时代性。

第二章 评选表彰的周期、项目和数量

第四条 评选表彰工作一般每三年开展一次。遇有特殊情况，经全国厂务公开协调小组决定，可提前或推迟，提前或推迟时间不超过一年。

第五条 评选表彰的项目及对象：

（一）在已建工会并实行民主管理的企事业单位中，评

选表彰全国厂务公开民主管理先进单位；

（二）在历次表彰的全国厂务公开民主管理先进单位中，评选命名全国厂务公开民主管理示范单位；

（三）在省级以下各级厂务公开协调领导机构及其成员单位中，评选表彰全国推动厂务公开民主管理工作先进单位。省级厂务公开协调领导机构一般申报1个成员单位。

第六条 每次共评选表彰全国厂务公开民主管理先进单位不超过800个，全国厂务公开民主管理示范单位不超过100个，全国推动厂务公开民主管理工作先进单位不超过100个。

评选表彰的具体名额分配主要依据各省（自治区、直辖市）企事业单位数量、职工人数和厂务公开、职代会建制数及开展创建厂务公开民主管理示范单位活动等情况，由全国厂务公开协调小组办公室确定。

第三章 评选表彰的基本条件

第七条 申报全国厂务公开民主管理先进单位的条件：

（一）企事业单位领导重视党建、工建工作。党组织、工会组织健全，人员配备到位，日常运作规范，作用发挥良好。

（二）企事业单位领导重视民主管理工作。把民主管理摆到重要位置，明确目标、落实责任，形成健全有效的企事业单位民主管理领导体制和工作机制。

（三）民主管理工作制度化、规范化、程序化建设不断推进，融入企事业单位各项管理制度中。落实职代会制度，确保制度健全、程序规范、作用突出。完善厂务公开制度，做到依法、及时、真实、科学公开。公司制企业依法设立职工董事、职工监事，职工董事、职工监事能够依法履行职责、发挥作用。

（四）民主管理各项工作落实到位、成效明显。在深化供给侧结构性改革、服务改革发展稳定大局、推动党风建设、监督廉洁从业等方面发挥重要作用。

第八条 申报全国厂务公开民主管理示范单位的条件：

（一）有健全的民主管理领导体制和运行良好的工作机制。党组织充分发挥作用，领导开展本单位民主管理工作；行政积极履行第一责任人职责，将民主管理与本单位经营管理相结合，有部署、有要求、有监督；工会主动承担职代会工作机构责任，做好本单位民主管理的具体组织工作。

（二）有完善的职代会、厂务公开、职工董事职工监事等制度。每项制度都有明确具体的工作规范、操作流程和考评办法等标准，形成目标明确、制度健全、责任落实、措施有力、监督到位的长效工作机制，并将其有效融入到企事业单位经营管理制度之中。

（三）职代会、厂务公开、职工董事职工监事等制度运行良好。职代会代表的选举、撤换符合程序，涉及职工切身利益的重大问题经过职代会审议，集体合同草案和职工安置方案提交职代会审议通过。厂务公开在组织实施、监督检查、反馈结果等主要环节严格执行相关规定，做到公正透明、阳光操作，涉及职工切身利益的重大决策问题、生产经营管理方面的重要事项及时向全体职工公开，并听取职工意见和建议。公司制企业职工董事、职工监事经职代会选举产生并接受其监督,履行职责情况向职代会报告。

(四)坚持把职代会作为企事业单位民主管理制度的基本形式。职代会依法行使职权,形成的决议得到有效落实。职代会闭会期间各专门委员会和职工代表履行职责、发挥作用。同时创新民主管理形式,既发挥好民主议事会、劳资恳谈会、厂务公开栏等传统补充形式,又借用网络等新媒体优势,推进民主管理创新发展。职工劳动经济权益和民主权利得到有效落实,企事业单位在改革发展特别是在供给侧结构性改革过程中的矛盾和问题得到妥善处理,劳动关系和谐稳定。

第九条 申报全国推动厂务公开民主管理工作先进单位的条件:

(一)党政重视,领导有力。党政领导主持厂务公开协调领导机构的工作。各有关方面把民主管理工作列入职责范围,建立责任清晰、分工明确的专项工作机制,组织协调有力,密切配合、相互支持、形成合力。

(二)制度健全,责任落实。对民主管理工作的内容、程序、责任等有明确规范和要求。对本地区或本部门推行民主管理工作有目标、有计划、有布置、有检查。坚持落实民主管理的岗位责任制、工作检查制和责任追究制。

(三)建制扩面,措施得力。厂务公开协调领导机构及其成员单位推动本地区、本部门所属单位民主管理工作措施得力,所属区域(系统)内国有、集体及其控股企业厂务公开和职代会制度基本实现全覆盖,已建工会的非公有制企业厂务公开和职代会建制率达到90%以上。

（四）推动有力，成效显著。把民主管理工作向纵深推进，内容不断丰富，机制不断完善，方式不断创新，活力不断激发。在推动企事业单位提高管理水平和经济效益、建立和完善现代企业制度、健全监督机制、加强党风建设、密切干群关系、促进基层民主政治建设等方面作用明显。

第十条 申报前三年内具有下列情形之一的，不得申报全国厂务公开民主管理先进单位或全国厂务公开民主管理示范单位：

（一）因民主管理制度不落实，导致出现重大群体性事件或产生重大劳动纠纷案件的；

（二）最近一年内发生过一般安全生产责任事故、三年内发生过重大安全生产责任事故，职业病危害严重，能源消耗超标、环境污染严重，存在重大安全隐患不整改的；

（三）存在未全员签订劳动合同、拖欠职工工资、不依法办理职工社会保险等违反劳动法律法规问题的；

（四）其他不宜申报的情况。

第十一条 已获得全国厂务公开民主管理先进单位和全国厂务公开民主管理示范单位称号的企事业单位，出现本办法第十条规定的情形，应撤销其所获称号。

撤销全国厂务公开民主管理先进单位和全国厂务公开民主管理示范单位称号，依照申报审批程序，由其原推荐单位逐级上报，所在省（自治区、直辖市）厂务公开协调领导机构办公室向全国厂务公开协调小组办公室提出书面报告。省级厂务公开协调领导机构办公室发现有关单位应撤销所获称号的,也可以直接向全国厂务公开协调小组办公室提出书面报告。经全国厂务公开协调小组办公室审核,同意撤销的,作出书面批复,并予以公告。

全国厂务公开协调小组办公室发现有关单位应撤销所获称号的,可以直接撤销该单位所获称号,予以公告,并把撤销结果书面通报其所在省级厂务公开协调领导机构办公室。

第四章 评选表彰工作的程序

第十二条 全国厂务公开协调小组办公室制定《评选表彰方案》,经全国厂务公开协调小组会议审议通过后,下发《关于评选表彰全国厂务公开民主管理工作先进单位的通知》,启动评选表彰工作。

第十三条 各省(自治区、直辖市)厂务公开协调领导机构办公室根据本办法第三章的规定,推荐本地区符合条件的全国厂务公开民主管理先进单位、全国厂务公开民主管理示范单位、全国推动厂务公开民主管理工作先进单位。

第十四条 全国厂务公开协调小组办公室对上报的推荐单位材料进行审核,确定拟表彰单位初步名单。

第十五条 对拟表彰单位初步名单在全国性媒体上进行不少于5个工作日的公示。

第十六条 公示结束后,全国厂务公开协调小组办公室提出建议表彰名单,并将建议名单书面报告全国厂务公开协调小组各成员单位,审定表彰名单。

第十七条 表彰单位名单确定后,由全国厂务公开协调小组进行表彰。

第五章 推荐申报要求

第十八条 全国厂务公开协调小组办公室负责组织实施评选表彰工作,指导各省(自治区、直辖市)厂务公开协调领导机构办公室开展先进单位的推荐和申报工作。

第十九条 各省(自治区、直辖市)厂务公开协调领导机构办公室负责组织本地区全国厂务公开民主管理先进单位、全国厂务公开民主管理示范单位、全国推动厂务公开民主管理工作先进单位的推荐工作。

第二十条 中央企业全国厂务公开民主管理先进单位和示范单位的推荐工作,由国务院国资委党建工作局负责。

铁路、民航、金融系统全国厂务公开民主管理先进单位的推荐工作,由中华全国铁路总工会、中国民航工会、中国金融工会负责。

第二十一条 各省(自治区、直辖市)推荐全国厂务公开民主管理先进单位,其中非公有制经济组织的数量不得少于拟推荐名额的三分之一。

各省(自治区、直辖市)推荐的全国厂务公开民主管理示范单位中应有非公有制经济组织或民办非企业单位。

第二十二条 各省(自治区、直辖市)要对申报的企事业单位认真检查、严格把关,将拟推荐表彰的企事业单位名单公示后上报。

第二十三条 申报全国厂务公开民主管理先进单位和

全国厂务公开民主管理示范的企事业单位,应通过职代会等形式,对企业民主管理工作开展情况及实际效果进行民主测评并征求单位纪检组织意见。过半数职工代表同意,且经所在单位纪检组织同意的方可申报。

第六章 附 则

第二十四条 本办法由全国厂务公开协调小组办公室负责解释。

第二十五条 本办法自公布之日起施行。

全国厂务公开协调小组办公室关于印发《2020年全国企业民主管理工作要点》的通知

国厂开组办发〔2020〕3号

各省、自治区、直辖市厂务公开协调（领导）小组：

《2020年全国企业民主管理工作要点》已经2020年7月23日全国厂务公开协调小组第二十四次会议审议通过。现予印发，请结合本地实际，认真贯彻落实。

全国厂务公开协调小组办公室
2020年7月31日

2020年全国企业民主管理工作要点

2020年全国企业民主管理工作的总体要求是：坚持以习近平新时代中国特色社会主义思想为指导，贯彻落实党的十九届四中全会精神，贯彻落实习近平总书记关于统筹推进疫情防控和经济社会发展的重要指示精神，扎实做好"六稳"工作、落实"六保"任务，按照《2019—2023年全国企业民主管理工作五年规划》要求，以制度建设为根本，以提质增效为重点，以规范运作为关键，着力抓重点、补短板、强弱项，夯实工作基础、丰富内容形式，推动新时代企业民主管理工作深入发展。

一、坚持建制扩面，夯实工作基础

1. 落实以职工代表大会为基本形式的企事业单位民主管理制度。进一步健全国有企业职代会制度和厂务公开制度，推动各地在试点的基础上，继续推进集团职代会制度发展。推动具备条件的百人以上非公有制企业单独建立职代会制度。通过区域（行业）职代会制度建设，进一步扩大民主管理制度覆盖面，鼓励小微企业结合自身特点开展多种形式的民主管理活动，探索企业职工参与管理的有效方式。

2. 推动国有企业民主管理工作高质量发展。适应加快国资国企改革的要求，把严格规范履行职工代表大会的职责，完善符合市场经济规律和我国国情的国有企业法人治理结构作为国有企业民主管理工作的重点。推动职工代表大会制度写入国有企业公司章程，与企业专业管理相结合，并纳入到企业管理的制度体系中。推进各中央企业在决策制定、规章制度、人事安排、绩效考核、物资采购、招标投标等经营管理过程中，通过职代会、厂务公开等民主形式，广泛听取职工的意见和建议。落实《中国共产党国有企业基层组织工作条例（试行）》，坚持以党建为引领，促进企业民主管理工作与企业党建深度融合，推动职代会、职工董事等工作纳入国有企业党建巡视工作内容。落实《中央企业混合所有制改革操作指引》要求，注重保障企业职工对混合所有制改革的知情权和参与权，涉及职工切身利益的要做好评估工作，职工安置方案应经职工大会或者职工代表大会审议通过。依法推进职工董事职工监事制度建设，保障职工代表在监督公司劳动用工重大问题、涉及职工切身利益重要事项时切实发挥作用。

3. 提升民营企业民主管理工作水平。适应民营企业深化改革、建立现代企业制度的要求，推动其规范建立和召开职代会，实施积极有效的厂务公开。督促民营企业在涉及职工工时和休息休假、劳动纪律、劳动定额、薪酬调整等职工切身利益事项时，要提交职代会审议，严格履行民主程序，畅通职工利益诉求表达渠道。坚持因企制宜，循序渐进，将企业民主管理与民营企业文化相结合，培养企业和职工共同参与民主管理的思想自觉和行动自觉。各地要加强法治宣传，引导民营企业依法诚信经营，推动民营企业家守法合规经营，认真履行职工权益保障责任，积极构建和谐劳动关系，做到企业与职工双向受益、共同进步。

二、落实制度机制，提高工作质量

4. 严格落实制度规定。保障已出台的《企业民主管理规定》《关于深入推进非公有制企业民主管理工作的意见》《关于加强公司制企业民主管理工作的意见》《关于加强公司制企业职工董事制度、职工监事制度建设的意见》等文件切实落地。推动各级厂务公开协调领导机构采取有力措施，积极查漏补缺，切实落实全国及地方法规政策文件要求，指导企事业单位在实施职代会、厂务公开、职工董事职工监事等制度时,程序到位、内容正确、操作合规。

5. 规范各项民主程序。按照《2019—2023年全国企业民主管理工作五年规划》要求,继续推动企业民主管理制度化建设、规范化运行。推动各地依据现有的规范性文件,出台相应的程序指引或工作手册,引导企事业单位按照相应的民主程序,开展企业民主管理工作,使职代会、厂务公开、职工董事职工监事制度有序运行。

6. 建立闭环工作流程。逐步健全完善企业民主管理工作检查机制和责任追究机制,加大工作监督力度。加快企业民主管理质量评估机制建设,科学设定评价标准,强化定量操作。推动建立"建立制度—规范运行—评价标准—严格督查—整改完善"的企业民主管理闭环工作流程,促使企业民主管理制度不断进行自我完善,保障企事业单位民主管理工作切实做到党委统一领导、党政共同负责、有关方面齐抓共管、职工群众广泛参与。

三、稳定劳动关系,助力复工复产

7. 切实发挥民主管理在企业复工复产中的作用。落实党中央关于统筹推进新冠肺炎疫情防控和经济社会发展工作的重要部署,结合复工复产工作形势需要,指导各地、各企事业单位通过协商民主程序与职工协商采取调整薪酬、轮岗轮休、缩短工时等方式稳定工作岗位,通过职代会、厂务公开等妥善处理好疫情防控期间复工复产企业的劳动关系问题,向职工讲实情、亮家底,争取职工的理解支持。引导企业切实履行社会责任,尽量不裁员、少裁员,同职工携手渡过难关。

8. 深入开展主题活动。将"聚合力、促发展职工代表提案在行动"作为今年企事业单位开展"公开解难题、民主促发展"主题活动的主要内容。围绕落实保市场主体任务,组织动员职工代表为企事业单位复工复产献计献策,在常态化疫情防控中助力企业全面复工复产。继续组织指导各地区、各产业、各企事业单位根据自身实际,开展不同形式的优秀职工代表提案征集活动。通过展示优秀提案,进一步提高民主管理工作水平。

四、加强示范引导,鼓励实践创新

9. 开展先进单位评选表彰活动。制定《全国厂务公开民主管理工作先进单位评选表彰管理办法》,明确申报条件和评选程序,严格规范表彰活动。各地要认真制定评先方案,坚持优中选优,培育、总结和推广一批先进典型,发挥典型的示范引导作用,提高民主管理工作质量。全国厂务公开协调小组办公室拟适时召开全国厂务公开民主管理先进单位表彰暨经验交流电视电话会议,总结典型单位经验。

10. 丰富日常民主管理形式。通过探索建立全方位、多层次、制度化的企事业单位协商民主机制,进一步丰富职代会闭会期间的民主管理活动,做到与职代会制度有效衔接。继续开展"民主管理创新成果推荐征集"活动,正确处理巩固与创新的关系,防止为创新而创新。及时总结地方开展民主管理工作的新经验新做法,对具有引领性、可复制的创新实践成果进行研讨。适应"互联网+"时代特点,指导企事业单位运用信息技术,积极探索信息公开、劳动关系双方沟通的有效实现形式，开辟民主管理工作新阵地，提高民主管理工作的便捷性、灵活性、互动性。

五、强化组织领导，重视宣传培训

11. 完善企业民主管理工作格局。各级厂务公开协调领导机构要及时向党政有关部门报告工作进展情况、工作成效和遇到的困难，积极争取党政和有关方面的重视支持，谋划和推动工作落实。健全各级厂务公开民主管理协调领导机构，着力扭转当前一些地方出现的对企业民主管理认识不足、组织机构弱化、工作发展不平衡的局面，推动调整、充实和加强工作力量。整合各方资源手段，充分发挥各成员单位的职能优势，加强工作的衔接配合，共同指导工作，避免出现企业民主管理主体责任只在工会的情况。

12. 加大宣传引导工作力度。利用 2020 年全国厂务公开民主管理先进单位表彰这一契机，充分发挥典型单位的示范作用，进一步加大宣传力度，充分运用多种媒体特别是新媒体，向社会各界全面系统阐述企业民主管理的内涵，广泛宣传企业民主管理制度的重要意义和积极作用，积极解读国家有关法律法规，努力营造党委政府高度重视、全社会关心支持、职工群众积极参与的良好社会环境和舆论氛围。

13. 加强师资队伍建设。贯彻落实《2019—2023 年职工代表培训规划》对 2020 年工作的要求，推动各地加强师资力量的培训，不断提高培训的针对性有效性，重点从各级厂务公开协调领导机构工作人员、业务骨干、优秀企业工会主席以及专家学者中培养能够讲授有关职工代表培训课程的优秀讲师。全国厂务公开协调小组办公室拟筹备建立全国职工代表培训师资库,建设高水平职工代表培训师资队伍,为推进新时代企事业单位民主管理工作打下坚实基础。

全国厂务公开协调小组办公室关于印发《2019—2023年全国企业民主管理工作五年规划》的通知

国厂开组办发〔2019〕4号

各省、自治区、直辖市厂务公开协调（领导）小组：

《2019—2023年全国企业民主管理工作五年规划》已经2019年5月22日全国厂务公开协调小组第二十三次会议审议通过。现予印发，请结合本地实际，认真贯彻落实。

全国厂务公开协调小组办公室
2019年6月11日

2019—2023年全国企业民主管理工作五年规划

党和政府高度重视发展和谐劳动关系，党的十九大提出坚持以人民为中心的发展思想，强调构建和谐劳动关系。企业民主管理是构建和谐劳动关系的重要内容，对建立完善科学有效的利益协调、诉求表达、矛盾调处、权益保障机制具有重要作用。当前，我国发展仍处于并将长期处于重要战略机遇期，在新技术新业态新模式下，劳动用工呈现许多新特点，劳动关系出现许多新情况新问题，对构建和谐劳动关系带来新的挑战。《2014—2018年全国厂务公开民主管理工作五年规划》实施以来，各级厂务公开协调领导机构采取有效举措，认真落实规划要求，取得了积极成效，企业民主管理工作进一步深化发展。但还存在区域行业发展不平衡、覆盖面不充分、总体质量不够高等主要问题。为适应全面深化改革的新要求和劳动关系发展变化的新趋势，深入推动新时代企业民主管理工作创新发展，现制定《2019—2023年全国企业民主管理工作五年规划》。

一、指导思想

1. 坚持以习近平新时代中国特色社会主义思想为指导，全面贯彻党的十九大精神，服从服务全面深化改革的新要求，凝聚广大职工力量，汇集广大职工智慧。

2. 坚持以职工为本，立足社会主要矛盾新变化，把解决广大职工最关心、最直接、最现实的利益问题，作为企业民主管理工作的出发点和落脚点。

3. 坚持依法依规，切实贯彻落实劳动法律以及《中共中央办公厅、国务院办公厅关于在国有企业、集体企业及其控股企业深入实行厂务公开制度的通知》《企业民主管理规定》等法律法规政策，运用法治思维和法治方式推进工作。

4. 坚持共建共享，统筹处理好促进企业发展和维护职工权益的关系，加强体制机制建设，推动企业和职工构建利益共同体、事业共同体、命运共同体，助力企业高质量发展，实现共创共建共享共赢。

二、总体要求

5. 着力建制扩面，扩大领域、夯实基础。把企业民主管理建制工作与工会组建紧密结合起来。分类指导，以点带面，协调联动，扩大覆盖面，推动各类型企事业单位普遍建立职代会和厂务公开制度，设立董事会、监事会的公司制企业应建立健全职工董事职工监事制度。

6. 着力提质增效，提升质量、突出成效。推动企事业单位建立企业民主管理长效机制，实现企业民主管理融入企事业单位日常生产经营更加自觉紧密，企业民主管理制度更加健全完善，职工参与企业民主管理更加广泛充分，企业民主管理效能更加有效彰显。

三、具体目标

7. 中央企业全部建立职代会制度，符合条件的公司制企业建立职工董事职工监事制度；已建工会的国有企业及其控股企业、100人以上的非公有制企业普遍建立职代会、厂务公开制度。推进事业单位普遍建立职代会、厂务公开制度。

8. 普遍推行区域（行业）职代会制度，鼓励小微企业结合自身特点开展多种形式的民主管理活动，实现100人以下非公有制企业民主管理制度覆盖率稳步增长。

9. 引导经济开发区（工业园区）、乡镇（街道）、产业聚集区的企业及社会组织广泛开展企业民主管理工作。

四、主要举措

10. 加强政策指导，推进企业民主管理制度化规范化法治化建设。全国厂务公开协调小组及其办公室将适时出台关于推进集团企业职代会制度建设、新时代深化企业民主管理工作等文件。各地要指导企事业单位贯彻落实企业民主管理相关法律法规，制定或修改完善有关职代会、厂务公开制度的实施细则及职工董事职工监事履职规则。严格规范民主程序，坚持企业改制方案提交职代会审议，职工安置方案、集体合同草案等涉及职工切身利益的重大事项提交职代会审议通过。指导各地通过运用"工会劳动法律监督意见书""工会劳动法律监督建议书"，督促企事业单位依法建立职代会、厂务公开等民主管理制度。借助社会信用信息平台，督促未建制的企业及时整改。开展立法调研活动，继续推进国家层面的企业民主管理专项立法工作。出台地方法规规章的地区，要联合人大、政协、劳动监察等部门做好执法检查、政协视察和行政监察，督促法规政策落实落地。

11. 坚持依法治企，把企业民主管理融入企事业单位经营管理中。引导企事业单位依法经营管理、依法治企兴企，依据法律法规在决策制定、规章制度、人员安排、绩效考核、物资采购、招标投标等经营管理过程中，通过职代会、厂务公开等民主形式，广泛听取职工的意见和建议，不断完善管理制度，提高管理水平。

逐步推动将职工代表大会制度写入国有企业公司章程，与企业专业管理相结合，并纳入到企业管理的制度体系中，严格规范履行职工代表大会的职责，完善符合市场经济规律和我国国情的国有企业法人治理结构。逐步推动职代会、职工董事等工作纳入国有企业党建巡视工作内容。国有企业应当发挥职代会、工会作用，坚持和完善职代会民主评议企业领导人员制度，加强职工民主监督。要依法推进职工董事职工监事制度建设，坚持职工董事、职工监事由职工代表大会选举产生，完善职工董事、职工监事履职的必要保障。职工董事、职工监事要向企业职代会报告工作，接受职代会监督、质询和民主评议。保障职工代表有效参与公司治理，在处理劳动关系重大问题、涉及职工切身利益重要事项时，切实发挥监督作用。

推动非公有制企业守法经营，自觉保障职工合法权益，积极履行社会责任，用法治方式规范企业经营管理。指导单独建制的非公有制企业认真落实职代会职权，制定或修改涉及劳动者切身利益的规章制度或者重大事项方案，提交职代会审议或审议通过。引导企业就劳动报酬、职工教育培训经费提取与使用、企业年金方案、工作时间、劳动安全卫生等涉及职工权益的事项与职工开展集体协商，并将协商内容经职代会或职工大会讨论通过。加强厂务公开制度建设，企业改革发展中的重大问题和职工关心的热点难点问题，必须通过厂务公开广泛听取职工的意见建议。将职代会、厂务公开作为非公有制企业经营管理的一项重要制度，与企业文化建设结合起来，进一步提高企业经营管理者和职工代表的民主意识，形成民主自觉。

12. 丰富内容形式，激发企业创新发展内生动力。持续深入开展"公开解难题、民主促发展"主题活动，紧密结合经济社会发展情况和企事业单位实际，进一步丰富活动形式。引导企业特别是非公有制企业经营管理者树立以人为本的理念，引导职工与企业共克时艰，为推动企业实现高质量发展贡献智慧和力量。将主题活动与开展"职工代表优秀提案活动"相结合，提高职工代表参与企事业单位管理和监督评议的能力，调动职工的积极性主动性创造性，激发企业在纾困解难、转型发展中的内生动力。进一步推动企业民主管理工作的内容向企业经营管理的重大问题延伸、向职工关心的热点难点问题延伸，与企业党建、领导班子建设、职工队伍建设、企业文化建设等结合起来。各地要探索建立全方位、多层次、制度化的企事业单位协商民主机制，与和谐劳动关系创建活动相结合，进一步丰富职代会闭会期间的民主管理活动，做到与职代会制度有效衔接。适应"互联网+"时代特点，指导企事业单位运用信息技术，积极探索民主管理、信息公开等有效实现形式，催生民主管理新活力，开辟民主管理工作新阵地，创造民主管理工作新方法，降低职工参与民主管理、民主监督的门槛，提高民主管理工作的便捷性、灵活性、互动性，使职工在参与过程中有更多获得感。

13. **完善工作机制，保障企业民主管理制度全面落实。** 各地要推动企业民主管理纳入推进基层民主政治建设、科学发展、促进社会和谐的党政目标责任制考核体系，纳入党建工作总体部署，纳入组织人事部门对党政干部的考核监督机制。要普遍推行企业民主管理质量评估机制建设，逐条细化标准，强化定量操作。以创建厂务公开民主管理示范单位活动为抓手，指导企事业单位把职代会制度作为民主管理机制建设的重点，健全职代会议案预告、职代会决议"票决制"、各专门委员会（工作小组）工作制度和决议落实制度。完善职工代表选举、提案、述职评议、巡视检查、培训等制度。鼓励各地建立健全企业民主管理激励约束机制，把企业职代会制度建设和发挥作用情况作为评选五一劳动奖状、模范职工之家及推荐企业经营管理者参评劳动模范等荣誉称号的必备条件。

14. 加强职工代表队伍建设，提升企业民主管理工作水平。各地要以增强职工代表履职能力为重点，深入推进职工代表素质提升工程。着力提高培训针对性有效性，努力实现职工代表培训工作覆盖面不断拓展、内容不断深化、方式不断改进、效果不断凸显，为推进新时代企事业单位民主管理工作打下坚实基础。各省（区、市）要建设一支高水平职工代表培训师资队伍，全国厂务公开协调小组办公室将在此基础上建立全国职工代表培训师资库。2022年全国企业民主管理调研检查活动，将把各地职工代表培训情况作为检查的重点内容，检验各地培训工作成果。

15. 坚持典型引领，充分发挥先进单位的示范带动作用。各地要以厂务公开民主管理先进单位表彰活动和创建厂务公开民主管理示范单位活动为抓手，精准指导、分类施策、对症下药，认真发现、总结、培育一批工作过硬的厂务公开民主管理示范单位、厂务公开民主管理工作先进单位以及推动厂务公开民主管理工作先进单位。通过宣传经验、一带一、一带多等形式，切实发挥不同类型的典型单位的示范带动作用，以点带面推动本地区企业民主管理工作提升整体水平。

五、组织领导

16. 加强组织领导。各地要争取同级党委政府支持，健全组织机构。已撤销机构的地区，要积极推动恢复工作机构。相关机构的领导或人员不到位的，要及时充实组织力量。各级厂务公开协调领导机构要坚持工作例会制度，每年定期研究部署工作。各成员单位要加强协调配合，形成整体合力，推动工作落实。要充分发挥厂务公开协调领导机构这一重要平台的作用，借助各方力量，巩固"党委统一领导、党政共同负责、有关方面齐抓共管、职工群众广泛参与"的领导体制和工作格局，加大政策指导力度、理论研究力度和督促检查力度。

17. 加强调查研究。各级厂务公开协调领导机构要深入基层开展调查研究。以2020年、2022年全国企业民主管理工作调研检查活动为契机，推动各地认真制定调研方案，按照工作情况评分表的要求，通过自检、互检、抽检等方式，围绕当前工作的重点内容，开展本级企业民主管理工作调研活动。要分析研究新时代企业民主管理工作的发展规律，正确研判工作发展趋势，及时解决工作中的理论与实践问题。加强对国有企业、集体企业、非公有制企业、外资企业、事业单位等不同类型企事业单位民主管理差异性研究，邀请地方有关部门、学术界及企业界人士，就企业产权结构变化对延伸民主管理工作领域的影响、在企业经营管理模式转变中如何推进企业民主管理工作创新发展、适应职工队伍结构深刻变化如何组织职工更有效地参与企业管理、适应互联网经济特点如何使企业民主管理更具有针对性等问题，举办各种类型的研讨会和经验交流会，形成理论成果，推动工作深入发展。

18.加强督促实施。各地要围绕本规划提出的目标任务，制订本地区工作规划或工作计划，明确目标措施和工作步骤，确保工作落实。结合调研活动，定期对本地区和企事业单位开展企业民主管理工作进行指导，及时掌握工作情况，加强跟踪服务。在制定评估标准时，要将本地区劳动关系和谐状况、企业和职工发展情况、职工群众满意程度等作为企业民主管理工作的重要指标。各地要选树一批不同类型的先进典型，对工作完成较好的地区、单位予以表彰；对态度消极、不作为、乱作为问题予以批评，及时督促整改。

19.加强分类指导。各级厂务公开协调领导机构要根据国有企业、非公有制企业的不同特点，因企施策、精准发力，推动企业破解发展困境、适应市场竞争，完善改革方案、积极稳妥推进改革，促进构建和谐劳动关系。积极推动混合所有制企业建立健全民主管理制度，探索工作新举措。进一步规范区域（行业）职代会的职权内容、工作制度、组织制度，引导小微企业结合自身特点，畅通利益表达渠道，推动协商解决区域（行业）内的共性问题，提升工作实效。指导学校、医院等事业单位把内部事务公开与社会事务公开结合起来，坚持将改革方案和涉及职工切身利益方案等提交职代会审议或审议通过，广泛听取职工群众的意见建议。

20. 加强宣传引导。全国厂务公开协调小组办公室将加强厂务公开信息员队伍建设和全国厂务公开民主管理工作网站建设，进一步畅通信息报送渠道。各级厂务公开协调领导机构要充分发挥各类媒体的宣传阵地作用，针对社会上出现的一些模糊认识和错误观点，通过专栏、专题片、动画、微电影等多种形式，讲好民主管理故事，普及企业民主管理基本知识，进一步引导企业经营管理者、广大职工群众和社会各界正确认识企业民主管理工作。广泛宣传企业民主管理在维护职工合法权益、构建和谐劳动关系、完善公司法人治理结构、加强企业党风建设，建立现代企业制度、促进企业健康发展，保障职工民主权利、推进基层民主政治建设中的积极作用。注重正面激励，不断释放正能量，扩大企业民主管理工作的社会影响力，为推动企业民主管理工作创新发展创造良好的社会环境和舆论氛围。

企业民主管理规定

第一章 总 则

第一条 为完善以职工代表大会为基本形式的企业民主管理制度，推进厂务公开，支持职工参与企业管理，维护职工合法权益，构建和谐劳动关系，促进企业持续健康发展，加强基层民主政治建设，依据宪法和相关法律制定本规定。

第二条 企业民主管理工作应当坚持党的领导，以邓小平理论和"三个代表"重要思想为指导，深入贯彻落实科学发展观，坚定不移地贯彻落实党的全心全意依靠工人阶级的根本指导方针。

企业党组织应当加强对民主管理工作的领导和支持。

第三条 职工代表大会（或职工大会，下同）是职工行使民主管理权力的机构，是企业民主管理的基本形式。

企业应当按照合法、有序、公开、公正的原则，建立以职工代表大会为基本形式的民主管理制度，实行厂务公开，推行民主管理。公司制企业（以下简称公司）应当依法建立职工董事、职工监事制度。

企业应当尊重和保障职工依法享有的知情权、参与权、表达权和监督权等民主权利,支持职工参加企业管理活动。

第四条 企业职工应当尊重和支持企业依法行使管理职权,积极参与企业管理。

第五条 企业工会应当组织职工依法开展企业民主管理,维护职工合法权益。

上级工会应当指导和帮助企业工会和职工依法开展企业民主管理活动,对企业实行民主管理的情况进行监督。

第六条 企业代表组织应当推动企业实行民主管理,促进企业健康发展。

第七条 各级党委纪检部门、组织部门,各级人民政府国有资产监督管理机构和监察机关等有关部门应当依照各自职责,对企业民主管理工作进行指导、检查和监督。

第二章 职工代表大会制度

第一节 职工代表大会组织制度和职权

第八条 企业可以根据职工人数确定召开职工代表大会或者职工大会。

企业召开职工代表大会的,职工代表人数按照不少于全体职工人数的百分之五确定,最少不少于三十人。职工代表人数超过一百人的,超出的代表人数可以由企业与工会协商确定。

第九条 职工代表大会的代表由工人、技术人员、管理人员、企业领导人员和其他方面的职工组成。其中,企业中层以上管理人员和领导人员一般不得超过职工代表总人数的百分之二十。有女职工和劳务派遣职工的企业，职工代表中应当有适当比例的女职工和劳务派遣职工代表。

第十条 职工代表大会每届任期为三年至五年。具体任期由职工代表大会根据本单位的实际情况确定。

职工代表大会因故需要提前或者延期换届的，应当由职工代表大会或者其授权的机构决定。

第十一条 职工代表大会根据需要，可以设立若干专门委员会（小组），负责办理职工代表大会交办的事项。专门委员会（小组）成员人选必须经职工代表大会审议通过。

第十二条 职工代表按照基层选举单位组成代表团（组），并推选团（组）长。可以设立职工代表大会团（组）长和专门委员会（小组）负责人联席会议，根据职工代表大会授权，在职工代表大会闭会期间负责处理临时需要解决的重要问题，并提请下一次职工代表大会确认。

联席会议由企业工会负责召集，联席会议可以根据会议内容邀请企业领导人员或其他有关人员参加。

第十三条 职工代表大会行使下列职权：

（一）听取企业主要负责人关于企业发展规划、年度生产经营管理情况，企业改革和制定重要规章制度情况，企业用工、劳动合同和集体合同签订履行情况，企业安全生产情况，企业缴纳社会保险费和住房公积金情况等报告，提出意见和建议；

审议企业制定、修改或者决定的有关劳动报酬、工作时间、休息休假、劳动安全卫生、保险福利、职工培训、劳动纪律以及劳动定额管理等直接涉及劳动者切身利益的规章制度或者重大事项方案，提出意见和建议；

（二）审议通过集体合同草案，按照国家有关规定提取的职工福利基金使用方案、住房公积金和社会保险费缴纳比例和时间的调整方案，劳动模范的推荐人选等重大事项；

（三）选举或者罢免职工董事、职工监事，选举依法进入破产程序企业的债权人会议和债权人委员会中的职工代表，根据授权推荐或者选举企业经营管理人员；

（四）审查监督企业执行劳动法律法规和劳动规章制度情况，民主评议企业领导人员，并提出奖惩建议；

（五）法律法规规定的其他职权。

第十四条 国有企业和国有控股企业职工代表大会除按第十三条规定行使职权外，行使下列职权：

（一）听取和审议企业经营管理主要负责人关于企业投资和重大技术改造、财务预决算、企业业务招待费使用等情况的报告，专业技术职称的评聘、企业公积金的使用、企业的改制等方案，并提出意见和建议；

（二）审议通过企业合并、分立、改制、解散、破产实施方案中职工的裁减、分流和安置方案；

（三）依照法律、行政法规、行政规章规定的其他职权。

第十五条 县级以下一定区域内或者性质相近的行业内的若干尚不具备单独建立职工代表大会制度条件的中小企业，可以通过选举代表联合建立区域（行业）职工代表大会制度，开展企业民主管理活动。工会负责组织建立区域（行业）职工代表大会制度。区域（行业）工会作为区域（行业）职工代表大会的工作机构承担日常工作。

第十六条　集团企业的总部机关和各分公司、分厂、车间以及其他分支机构可以按照一定比例选举产生职工代表，召开集团企业职工代表大会，实行企业民主管理。

集团企业的总部机关和各分公司、分厂、车间以及其他分支机构，按照本规定建立职工代表大会制度，在各自的职权范围内分别开展民主管理活动。

第二节　职工代表大会工作制度

第十七条　职工代表大会每年至少召开一次。职工代表大会全体会议必须有三分之二以上的职工代表出席。

第十八条　职工代表大会议题和议案应当由企业工会听取职工意见后与企业协商确定，并在会议召开七日前以书面形式送达职工代表。

第十九条　职工代表大会可以设主席团主持会议。主席团成员由企业工会与职工代表大会各团（组）协商提出候选人名单，经职工代表大会预备会议表决通过。其中，工人、技术人员、管理人员不少于百分之五十。

第二十条　职工代表大会选举和表决相关事项，必须按照少数服从多数的原则，经全体职工代表的过半数通过。对重要事项的表决，应当采用无记名投票的方式分项表决。

第二十一条　职工代表大会在其职权范围内依法审议通过的决议和事项具有约束力，非经职工代表大会同意不得变更或撤销。

企业应当提请职工代表大会审议、通过、决定的事项，未按照法定程序审议、通过或者决定的无效。

第二十二条　企业工会委员会是职工代表大会的工作机构，负责职工代表大会的日常工作，履行下列职责：

（一）提出职工代表大会代表选举方案，组织职工选举职工代表和代表团（组）长；

（二）征集职工代表提案，提出职工代表大会议题的建议；

（三）负责职工代表大会会议的筹备和组织工作，提出职工代表大会的议程建议；

（四）提出职工代表大会主席团组成方案和组成人员建议名单；提出专门委员会（小组）的设立方案和组成人员建议名单；

（五）向职工代表大会报告职工代表大会决议的执行情况和职工代表大会提案的办理情况、厂务公开的实行情况等；

（六）在职工代表大会闭会期间，负责组织专门委员会（小组）和职工代表就企业职工代表大会决议的执行情况和职工代表大会提案的办理情况、厂务公开的实行情况等，开展巡视、检查、质询等监督活动；

（七）受理职工代表的申诉和建议，维护职工代表的合法权益；

（八）向职工进行民主管理的宣传教育，组织职工代表开展学习和培训，提高职工代表素质；

（九）建立和管理职工代表大会工作档案。

第三节　职工代表的产生和权利义务

第二十三条　与企业签订劳动合同建立劳动关系以及与企业存在事实劳动关系的职工，有选举和被选举为职工代表大会代表的权利。

依法终止或者解除劳动关系的职工代表，其代表资格自行终止。

第二十四条　职工代表应当以班组、工段、车间、科室等为基本选举单位由职工直接选举产生。规模较大、管理层次较多的企业的职工代表，可以由下一级职工代表大会代表选举产生。

第二十五条　选举、罢免职工代表，应当召开选举单位全体职工会议，会议应有三分之二以上职工参加。选举、罢免职工代表的决定，应经全体职工的过半数通过方为有效。

第二十六条　职工代表实行常任制，职工代表任期与职工代表大会届期一致，可以连选连任。

职工代表出现缺额时，原选举单位应按规定的条件和程序及时补选。

第二十七条　职工代表向选举单位的职工负责并报告工作，接受选举单位职工的监督。

第二十八条　职工代表享有下列权利：

（一）选举权、被选举权和表决权；

（二）参加职工代表大会及其工作机构组织的民主管理活动；

（三）对企业领导人员进行评议和质询；

（四）在职工代表大会闭会期间对企业执行职工代表大会决议情况进行监督、检查。

第二十九条　职工代表应当履行下列义务：

（一）遵守法律法规、企业规章制度，提高自身素质，积极参与企业民主管理；

（二）依法履行职工代表职责，听取职工对企业生产经营管理等方面的意见和建议，以及涉及职工切身利益问题的意见和要求，并客观真实地向企业反映；

（三）参加企业职工代表大会组织的各项活动，执行职工代表大会通过的决议，完成职工代表大会交办的工作；

（四）向选举单位的职工报告参加职工代表大会活动和履行职责情况，接受职工的评议和监督；

（五）保守企业的商业秘密和与知识产权相关的保密事项。

第三十条　职工代表履行职责受法律保护，任何组织和个人不得阻挠和打击报复。

职工代表在法定工作时间内依法参加职工代表大会及其组织的各项活动，企业应当正常支付劳动报酬，不得降低其工资和其他福利待遇。

第三章　厂务公开制度

第三十一条　企业应当建立和实行厂务公开制度，通过职工代表大会和其他形式，将企业生产经营管理的重大事项、涉及职工切身利益的规章制度和经营管理人员廉洁从业相关情况,按照一定程序向职工公开,听取职工意见,接受职工监督。

第三十二条 企业主要负责人是实行厂务公开的责任人。企业应当建立相应机构或者确定专人负责厂务公开工作。

第三十三条 企业实行厂务公开应当遵循合法、及时、真实、有利于职工权益维护和企业发展的原则。

实行厂务公开应当保守企业商业秘密以及与知识产权相关的保密事项。

第三十四条 企业应当向职工公开下列事项:

(一)经营管理的基本情况;

(二)招用职工及签订劳动合同的情况;

(三)集体合同文本和劳动规章制度的内容;

(四)奖励处罚职工、单方解除劳动合同的情况以及裁员的方案和结果,评选劳动模范和优秀职工的条件、名额和结果;

(五)劳动安全卫生标准、安全事故发生情况及处理结果;

(六)社会保险以及企业年金的缴费情况;

(七)职工教育经费提取、使用和职工培训计划及执行的情况;

(八)劳动争议及处理结果情况;

(九)法律法规规定的其他事项。

第三十五条 国有企业、集体企业及其控股企业除公开第十三条、第十四条和第三十四条规定的相关事项外,还应当公开下列事项：

（一）投资和生产经营管理重大决策方案等重大事项，企业中长期发展规划；

（二）年度生产经营目标及完成情况，企业担保，大额资金使用、大额资产处置情况，工程建设项目的招投标，大宗物资采购供应，产品销售和盈亏情况，承包租赁合同履行情况，内部经济责任制落实情况，重要规章制度制定等重大事项；

（三）职工提薪晋级、工资奖金收入分配情况；专业技术职称的评聘情况；

（四）中层领导人员、重要岗位人员的选聘和任用情况，企业领导人员薪酬、职务消费和兼职情况，以及出国出境费用支出等廉洁自律规定执行情况，职工代表大会民主评议企业领导人员的结果；

（五）依照国家有关规定应当公开的其他事项。

第四章　职工董事和职工监事制度

第三十六条　公司制企业应当依法建立职工董事和职工监事制度，支持职工代表大会选举产生的职工代表作为董事会、监事会成员参与公司决策、管理和监督，代表和维护职工合法权益，促进企业健康发展。

第三十七条　公司应当依法在公司章程中明确规定职工董事、职工监事的具体比例和人数。

第三十八条　职工董事、职工监事候选人由公司工会根据自荐、推荐情况，在充分听取职工意见的基础上提名，经职工代表大会全体代表的过半数通过方可当选，并报上一级工会组织备案。

工会主席、副主席应当作为职工董事、职工监事候选人人选。

第三十九条　公司高级管理人员和监事不得兼任职工董事；公司高级管理人员和董事不得兼任职工监事。

第四十条　职工董事、职工监事的任期与公司其他董事、监事的任期相同，可以连选连任。

第四十一条　职工董事、职工监事不履行职责或者有严重过错的，经三分之一以上的职工代表联名提议，职工代表大会全体代表的过半数通过可以罢免。

职工董事、职工监事出现空缺时，由公司工会依照本规定第三十七条的规定提出替补人选，提请职工代表大会民主选举产生。

第四十二条　职工董事依法行使下列权利：

（一）参加董事会会议，行使董事的发言权和表决权；

（二）就涉及职工切身利益的规章制度或者重大事项，提请召开董事会会议，反映职工的合理要求，维护职工合法权益；

（三）列席与其职责相关的公司行政办公会议和有关生产经营工作的重要会议；

（四）要求公司工会、公司有关部门和机构通报有关情况并提供相关资料；

（五）法律法规和公司章程规定的其他权利。

第四十三条　职工监事依法行使下列权利：

（一）参加监事会会议，行使监事的发言权和表决权；

（二）就涉及职工切身利益的规章制度或者重大事项，提议召开监事会会议；

（三）监督公司的财务情况和公司董事、高级管理人员执行公司职务的行为；监督检查公司对涉及职工切身利益的法律法规、公司规章制度贯彻执行情况；劳动合同和集体合同的履行情况；

（四）列席董事会会议，并对董事会决议事项提出质询或者建议；列席与其职责相关的公司行政办公会议和有关生产经营工作的重要会议；

（五）要求公司工会、公司有关部门和机构通报有关情况并提供相关资料；

（六）法律法规和公司章程规定的其他权利。

第四十四条 职工董事、职工监事应当履行下列义务：

（一）遵守法律法规，遵守公司章程及各项规章制度，保守公司秘密，认真履行职责；

（二）定期听取职工的意见和建议，在董事会、监事会上真实、准确、全面地反映职工的意见和建议；

（三）定期向职工代表大会述职和报告工作，执行职工代表大会的有关决议，在董事会、监事会会议上，对职工代表大会作出决议的事项，应当按照职工代表大会的相关决议发表意见，行使表决权；

（四）法律法规和公司章程规定的其他义务。

第四十五条 公司应当保障职工董事、职工监事依照法律法规和公司章程开展工作，为职工董事、职工监事履行职责提供必要的工作条件。

第四十六条　职工董事、职工监事在任职期间，除法定情形外，公司不得与其解除劳动合同。

第四十七条　职工董事、职工监事与公司的其他董事、监事享有同等的权利，承担相应的义务。

第五章　附　则

第四十八条　各地区、各有关部门和各企业根据本规定制定实施办法，推进企业民主管理工作。

第四十九条　集体企业依照《城镇集体所有制企业条例》等有关法律法规规定实行民主管理。

第五十条　本规定自发布之日起施行。

（此件发各省、自治区、直辖市纪委、组织部、国资委、监察厅〈局〉、总工会、工商联）

中共中央纪委　中共中央组织部
国务院国有资产监督管理委员会　监察部
中华全国总工会　中华全国工商业联合会
2012年2月13日

中华全国总工会办公厅关于在推进事业单位改革中加强民主管理工作的通知

总工办发〔2012〕38号

各省、自治区、直辖市总工会，各全国产业工会，中共中央直属机关工会联合会、中央国家机关工会联合会，全总各部门、各直属单位：

为贯彻落实《中共中央、国务院关于分类推进事业单位改革的指导意见》和《中共中央办公厅、国务院办公厅印发〈关于进一步深化事业单位人事制度改革的意见〉的通知》精神，推进事业单位改革工作顺利进行，切实维护事业单位职工合法权益，保持职工队伍稳定，更好地服务党和国家工作大局，现就加强民主管理工作推进事业单位改革的有关问题通知如下。

一、统一思想认识，高度重视在推进事业单位改革中加强民主管理工作

按照党中央、国务院的战略部署，我国事业单位的清理规范工作基本完成，事业单位改革正在分类推进，事业单位人事制度改革进一步深化。推进事业单位改革，是加快社会事业发展、满足人民群众公益服务需求、全面建设

小康社会和构建社会主义和谐社会的客观需要与必然选择，是我国深化改革的重要组成部分。事业单位改革涉及120万个单位的3000多万职工的切身利益。在推进事业单位改革中坚持党的群众路线，通过公开民主的方法切实维护职工权益，才能更好地取得职工群众的理解、支持与配合，保证改革的顺利进行。

在事业单位改革中切实加强民主管理工作，是贯彻落实科学发展观，尊重和保障职工民主权利，保障事业单位改革顺利推进的基础，也是党中央、国务院关于深化事业单位人事制度改革要坚持科学化、民主化、制度化方向，坚持民主、公开、竞争、择优原则的要求。以往我国企事业单位改革的经验证明：凡在改革中坚持和完善民主管理制度，积极组织和引导职工参与改革的，改革都能够平稳有序地推进，达到预期目标；凡在推进改革中民主管理工作缺失或履行民主程序不规范的，往往会造成职工对改革缺乏理解和信心，改革进程就会变得艰难曲折，甚至影响职工队伍与社会和谐稳定。

各级工会要从改革开放和社会主义现代化建设全局的高度，充分认识事业单位改革中加强民主管理工作的重要性和必要性，充分发挥党和政府联系职工群众的桥梁纽带作用，切实履行维护职工合法权益的基本职责。要认真学习和把握党中央、国务院关于事业单位改革的方针政策、原则要求和工作步骤，把实行以职代会为基本形式的民主管理制度作为服务事业单位改革大局的重要工作，认真贯彻执行《学校教职工代表大会规定》等部颁规章，面向事业单位推行职工代表大会、教职工代表大会(以下简称职代会)和院务公开、校务公开、所务公开(以下简称厂务公开)等民主管理制度,积极组织动员职工群众参与事业单位改革,推动事业单位改革顺利进行。

二、坚持民主程序,在事业单位改革中切实代表和维护职工民主权利和劳动权益

各事业单位工会要按照中央关于"健全民主管理制度,充分发挥职工代表大会和工会的职能作用"的要求,坚持涉及职工切身利益的改革方案必须提交职代会审议,实行厂务公开,履行民主程序,最大限度地保障职工的知情权、参与权、表达权和监督权。要监督事业单位将改革的目标任务、进展情况和人事制度、收入分配制度、社会保障制度的方案草案等及时进行公开,提交职代会审议;重大事项或方案等应争取提交职代会审议通过后实施。职代会制度健全的,应严格履行相关民主程序;职代会制度不健全的,如未及时换届、职工代表人数不符合法定要求的,应在完善职代会制度后,再履行相关民主程序;未建职代会制度的事业单位应当建立健全职代会制度或召开专题职工大会。召开职代会时,出席职代会的职工代表应不少于全体职工代表的三分之二;对重要事项的表决,应采用无记名投票的方式分项表决,经全体职工代表的过半数通过方为有效。事业单位工会要切实承担起职代会工作机构的职责,努力推动健全和完善职代会制度,严格按照召开职代会、实行厂务公开的要求履行民主程序,在事业单位改革中充分发挥民主管理的作用。

各事业单位工会应当积极取得本单位党组织的领导和支持，积极参加本单位改革领导机构，参与改革的各项工作，从源头上代表和反映职工的利益诉求。要深入职工群众，充分听取职工意见建议，主动向所在单位的党政以及上级工会反映职工的思想动态，代表好、表达好职工的合理利益诉求，维护好、实现好职工群众的合法权益。

各事业单位工会要积极协助党政及有关部门宣传改革的意义和具体做法，认真解答职工在改革中的疑惑，做好职工思想政治工作，同时，要加强对职工的人文关怀和心理疏导，增强职工对改革的认同感，保护调动职工参与改革的积极性，激发职工推进企事业单位发展的主人翁责任感和创造精神，在推动改革、促进发展中切实维护职工队伍的稳定。

三、注重源头参与，切实加强对事业单位改革中民主管理工作的分类指导

各地工会和有关产业工会要加强源头参与，主动与本地区、本产业的推进事业单位改革领导机构沟通协调，积极争取进入地方或产业的事业单位改革领导机构，及时了解和掌握事业单位改革的相关政策举措，根据职工反映的意见诉求，对事业单位改革的方案、重大事项和相关政策措施提出意见和建议；要积极争取与有关部门共同制定下发在事业单位改革中坚持民主管理制度的政策文件，对改革中履行民主程序提出明确要求，保障改革过程中职工的民主权利与合理诉求得到有效维护，切实将维权关口前移。

各地工会和有关产业工会要深入实际调查研究，注意总结借鉴事业单位改革试点地区的成功经验，及时了解发

现改革中的新情况新问题，提出相应的对策建议。对改革过程中出现的不稳定因素，要及时向当地党委、政府和有关部门反映，力争把改革中的矛盾和问题解决在基层，解决在萌芽状态，确保职工队伍与社会和谐稳定。

各地工会和有关产业工会要加强对事业单位工会参与改革工作的分类指导，帮助基层工会解决改革中遇到的实际问题。对于划转为行政机构的，要指导基层工会重点关注被裁减人员的分流安置问题，切实保障分流职工的权益；对于纳入事业单位管理的，要重点关注定岗定编、绩效工资、社会保险、职业年金等方案的制订和审议；对于转为企业的，则要重点关注对职工的经济补偿、劳动关系接续、转企后待遇等方案的制订和审议，解决好职工切身利益问题。要督促和指导改制后的事业单位和企业，建立健全工会组织，配齐配强工会干部，按照党的十七大关于"完善以职工代表大会为基本形式的企事业单位民主管理制度，推进厂务公开，支持职工参与管理，维护职工合法权益"的要求，建立健全职代会制度，实行厂务公开，在公司制企业建立职工董事职工监事制度，推动企事业单位科学管理，构建和谐劳动关系。

请各省、自治区、直辖市总工会及时将参与事业单位改革的进展情况报全国总工会民主管理部。

中华全国总工会办公厅
2012 年 9 月 21 日

图书在版编目（CIP）数据

厂务公开流程图示与范例 / 厂务公开流程图示与范例（第2版）编写组编. —2版. —北京：中国工人出版社，2020.10
（工会工作实务操作流程丛书）
ISBN 978-7-5008-7504-8

Ⅰ.①厂⋯　Ⅱ.①厂⋯　Ⅲ.①企业管理 – 民主管理 – 中国
Ⅳ.①F279.23

中国版本图书馆CIP数据核字（2020）第202313号

厂务公开流程图示与范例（第2版）

出 版 人	王娇萍
责任编辑	罗荣波　王　璇
责任印制	栾征宇
出版发行	中国工人出版社
地　　址	北京市东城区鼓楼外大街45号　邮编：100120
网　　址	http://www.wp-china.com
电　　话	（010）62005043（总编室）
	（010）62005039（印制管理中心）
	（010）82075935（工会与劳动关系分社）
发行热线	（010）62005996　82029051
经　　销	各地书店
印　　制	北京市密东印刷有限公司
开　　本	880毫米×1230毫米　1/32
印　　张	7.25
字　　数	150千字
版　　次	2021年2月第2版　2024年5月第5次印刷
定　　价	36.00元

本书如有破损、缺页、装订错误，请与本社印制管理中心联系更换
版权所有　侵权必究